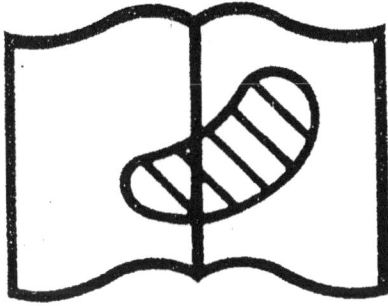

Couvertures supérieure et inférieure
partiellement illisibles

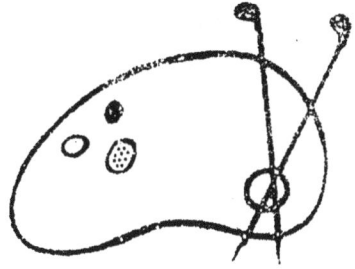

Début d'une série de documents
en couleur

CONTES GAILLARDS
ET
NOUVELLES PARISIENNES

LE PÉCHÉ D'ÈVE

PAR
ARMAND SILVESTRE

ILLUSTRATIONS
DE
ROCHEGROSSE

PARIS
ED. ROUVEYRE & G. BLOND
ÉDITEURS
98, Rue de Richelieu

ÉDITIONS D'AMATEURS ET DE BIBLIOPHILES

Dijon. — Imprimerie Darantière.

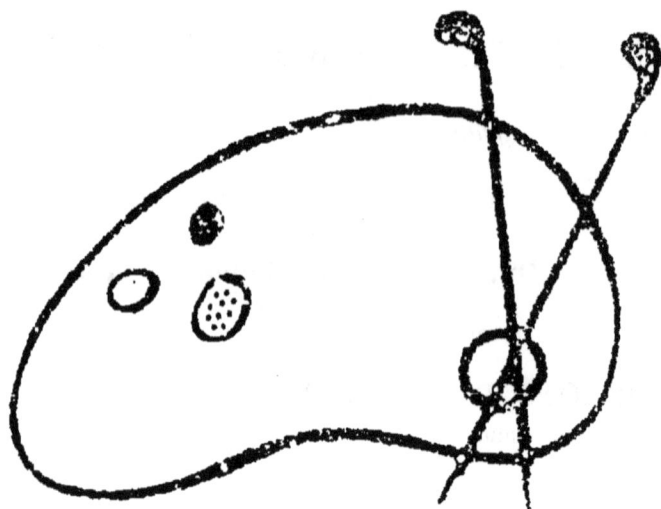

Fin d'une série de documents
en couleur

$8^o Y^2$

CONTES GAILLARDS

ET

NOUVELLES PARISIENNES

✱✱✱✱

DANS LA MÊME COLLECTION

Paru Précédemment :

CHAIR A PLAISIR, par L. V. MEUNIER

« Illustrations de A. FERDINANDUS »

JOYEUX DEVIS, par Th. MASSIAC

« Illustrations de LE NATUR »

LE MAL D'AIMER, par Réné MAIZEROY

« Illustrations de COURBOIN »

LE
PÉCHÉ D'ÈVE

JUSTIFICATION DES·TIRAGES
DE LUXE

25 Exemplaires imprimés sur papier du Japon . . 1 à 25
25　　　》　　　　　》　　　sur papier de Chine . . 26 à 50

LE
PÉCHÉ D'ÈVE

PAR

ARMAND SILVESTRE

Illustrations de Rochegrosse

PARIS

ÉD. ROUVEYRE & G. BLOND

LIBRAIRES-ÉDITEURS

98, Rue de Richelieu, 98

1882

LA FEMME DE CÉSAR

Plessis-les-Nonnettes, le... 1882.

ON cher et honoré collègue,

« Bien que n'ayant eu avec vous que des rapports purement administratifs, je viens vous demander le plus personnel, le plus délicat et le plus douloureux des services. Mon cas est fort simple : Je suis un mari trompé. Ma femme,

I

méconnaissant tous ses devoirs d'épouse et
de mère, a pris la clef des champs. Voilà
huit jours qu'elle a quitté mon domicile,
et il résulte des renseignements qui me
sont, comme toujours, venus trop tard,
qu'elle court la prétentaine avec un drôle
qui se fait appeler M. Bénigne, pour détourner les soupçons. L'avis m'est arrivé
tout à l'heure qu'ils s'étaient vraisemblab-
ment réfugiés dans votre résidence. Pin-
cez-les, je vous en conjure, mais non pour
les livrer à la justice. Un scandale devant
les tribunaux briserait ma carrière et me
jetterait pieds et poings liés dans un abîme
de ridicule. Contentez-vous de leur faire
peur, de laver, comme il convient, la tête
à ce polisson, de sermonner ma coupable
moitié et de me la renvoyer en lui pro-
mettant son pardon. Ce n'est pas une
méchante personne et j'aime infiniment
mieux la punir, à huis clos, en lui rendant
la vie parfaitement désagréable chez elle
pendant plusieurs années que de l'envoyer
passer six jours en prison. Mais ne lui
faites pas entrevoir ce dernier horizon de

martyre conjugal. Traitez-la, je vous prie, avec beaucoup d'égards et une galanterie achevée, afin de la décider à revenir. Au besoin, gardez-la chez vous et faites-moi prévenir que je l'y vienne chercher. Jusqu'ici, j'ai pu, par d'habiles fables, détourner de cet incident privé l'attention publique. Ma femme de retour, je n'ai plus rien à craindre de la malignité de mes administrés. C'est que, voyez-vous, un malin l'a dit : La femme de César ne doit pas être soupçonnée.

« Merci à l'avance, mon cher et honoré collègue, et croyez-moi, à charge de revanche,

« Votre tout dévoué,

« NAPOLÉON GENTIL-ROUSSIN. »

— A charge de revanche ! je le trouve plaisant, ce Gentil-Roussin ! conclut en repliant cette lettre, M. Petconstat, commissaire de police à Brignolles. Je le trouve plaisant et même un tantinet impertinent. Dieu merci, Mme Petconstat ne court pas les grands chemins avec un godelureau ! Je n'en rendrai pas moins à cet imbécile le bon office qu'il me demande. Il s'agit, après tout, de l'honneur d'un confrère, c'est-à-dire du prestige du corps tout entier. Un commissaire de police cocu fait un déplorable effet dans un pays. Je serais M. le ministre de l'intérieur que je le révoquerais *hic et nunc*, quitte à le replacer ensuite dans une de ces carrières où ils le sont tous. Voyons un peu le dernier mouvement dans les hôtels... Un sieur Bénigne ?... Je ne trouve pas ça dans les derniers rapports. Il me va falloir vérifier cela moi-même. Comme c'est amusant ! à l'heure de mon jaquet avec le commandant Laripète ! Enfin ! cette brute de Gentil-Roussin a raison : La femme de César...... Bon ! voilà la mienne. Filons.

Au même instant, Mme Petconstat faisait son entrée. L'air soucieux de son mari ne lui échappa pas, et c'est d'un regard inquiet qu'elle suivit sa sortie.

— Se douterait-il de quelque chose ? pensa-t-elle.

*
* *

Vous avez bien reconnu là, n'est-ce pas, le cri d'une conscience troublée ? C'est qu'en effet, celle de Mme Petconstat n'avait plus rien de la limpidité des sources alpestres. Une aventure inattendue avait traversé récemment son existence jusque-là calme et sans reproches. Car l'excellente dame était fort romanesque ; mais, comme beaucoup de personnes de province, elle avait surtout vécu par l'imagination et n'avait longtemps trompé son mari qu'en rêve. La vertu de ce genre de créatures est une affaire d'occasion. Pour celle-ci, l'occasion était enfin venue sous les traits d'un joli garçon rencontré le soir, à la promenade, au retour du mois de Marie. Ce jeune homme, qui enveloppait son existence d'un certain mystère, ce qui le rendait mille fois plus intéressant encore, n'avait pu réprimer un mot d'admiration devant les charmes dodus de madame la commissaire. C'est qu'elle était fort appé-

tissante, en effet, avec son joli petit nez
retroussé, ses yeux d'un bleu pâle,
ses cheveux chatain clair, sa bouche
un peu charnue, son teint resplendis-
sant de santé et les grâces abondantes
de son corsage jaillissant de ses hanches
opulentes comme un bouquet de lis des
flancs d'une amphore. Il n'avait pu, dis-je,
taire son enthousiasme, et l'imprudente
épouse du vertueux Petconstat avait eu le
tort plus grand encore de répondre à ses
propos d'amour. Les femmes sans expérience font innocemment les inconvenan-
ces les plus invraisemblables. Bref, une
jolie série de rendez-vous était née de ce
premier entretien. L'aimable inconnu lo-
geait, en dehors de la ville, dans une façon
de chalet dont le propriétaire louait des
chambres garnies et, depuis plusieurs jours
déjà, c'est dans cette chapelle agreste que
Mme Petconstat continuait ses dévotions à
la Vierge. Il fallait voir avec quelle fer-
veur, au premier coup de cloche appelant
les fidèles et tintant dans le crépuscule du
soir, elle s'entourait la tête d'une façon

de mantille destinée à la protéger du *serein* (ce n'est pas de son mari que je parle) et filait en longeant la muraille, dans la direction de l'église d'abord, puis dans celle du chalet.

Maintenant que vous êtes au courant de la situation, vous comprendrez aisément comment l'air préoccupé de M. Petconstat l'avait émue. « Le remords, a dit un sage, est un lac d'eau morte que le moindre souffle couvre de tempête. » J'ajouterai que ce sage, c'est moi.

—Allons prévenir au plus tôt le malheureux Bénigne de se tenir sur ses gardes, dit la pauvre femme doucement affolée.

*
* *

Comme elle allait franchir la porte de son appartement, une carte lui fut remise et l'avis lui fut donné par sa camériste qu'une dame demandait à la voir immédiatement. La carte portait ce simple nom : *Adélaïde Gentil-Roussin.*

— Faites entrer, dit Mme Petconstat,

horriblement contrariée de ce contre-
temps.

Une jeune femme entra, mignonne au
possible, avenante tout à fait, mais l'air
contraint et les yeux comme rougis de
larmes récentes. Mme Petconstat la fit asseoir avec bonté — car cette grosse personne possédait le meilleur cœur du
monde, ayant tout ce qu'il faut pour le
bien loger — (vous avez, en effet, remarqué comme moi que ce point est essentiel.)

— En quoi puis-je vous servir, Madame ?
demanda-t-elle gracieusement à la nouvelle
venue.

Alors celle-ci, avec beaucoup d'hésita-
tion d'abord, puis avec plus de confiance
ensuite, commença une véritable confes-
sion. Femme d'un collègue de M. Petconstat, du commissaire de police de
Plessis-les-Nonnettes, elle avait fait la
sottise de suivre un enjôleur qui l'avait
égarée à la première station de chemin de
fer et qu'elle cherchait depuis près d'une
semaine, n'osant retourner auprès de son

mari. Elle était à peu près certaine qu'il
était à Brignolles, mais ignorait sous quel
nom il s'y cachait. D'ailleurs elle était
pleine de désespoir et de repentir, se sentant poursuivie et trahie en même temps.
Bref, elle avait pensé que la femme d'un
confrère pouvait mieux que personne la
sauver, en lui donnant asile d'abord, en
l'aidant ensuite à rentrer dans les bonnes
grâces d'un époux outragé.

Mᵐᵉ Petconstat, fort émue de ce récit
qui lui avait fait verser quelques pleurs, re-
mercia avec effusion l'étrangère de s'être
confiée à elle.

— Vous avez eu, lui dit-elle, une excellente idée. En admettant que votre
mari ait l'intention de vous faire arrêter,
voici bien le dernier endroit où l'on puisse
soupçonner votre présence. Comme le
mien pourrait être requis à l'effet de s'em-
parer de vous, je veux qu'il ignore qui
vous êtes, jusqu'au moment où tout sera
arrangé par moi. J'attendais une cousine
du Hâvre qu'il ne connaît pas et qui n'ar-
rivera probablement que dans deux jours.

Je lui dirai que c'est vous qui êtes venue avant l'époque fixée et je vais télégraphier à la véritable de remettre son voyage.

— Ah! Madame, que vous êtes bonne! s'écria Adélaïde Gentil-Roussin en couvrant de larmes et de baisers les mains de sa protectrice.

Mme Petconstat la fit conduire à l'appartement qu'elle lui destinait, et s'excusant pour une course indispensable, s'enveloppa mieux que jamais dans sa mantille, et courut au chalet où elle avait installé son mois de Marie.

*
* *

— Au nom de la loi, ouvrez!

— Ah! mon Dieu! murmura, en expirant de peur, Mme Petconstat, mon mari!

— Cachez-vous! lui dit à voix basse M. Bénigne, également terrifié.

— Au nom de la loi ouvrez ou j'enfonce la porte! reprit M. Petconstat d'une voix plus forte en heurtant, du bout de sa canne, l'huis sonore du chalet.

Ayant enfermé sa maîtresse dans une armoire, M. Bénigne ouvrit.

— Votre véritable nom, Monsieur? lui dit gravement le magistrat.

— Jacques Moulinot, répondit notre ami que vous avez sans doute reconnu déjà à l'indécrottable légèreté de ses procédés à l'endroit des dames.

— Vous n'êtes pas seul ici?

— Mais je vous demande pardon.

— Et moi, Monsieur, je suis sûr du contraire.

— Je vous jure...

— Inutile, Monsieur; je vais faire enfoncer les placards.

Puis, se radoucissant subitement au souvenir des placides instructions de son collègue, M. Petconstat se retourna, et, d'une voix doucereuse.

— Madame, dit-il, sortez, je vous en prie, de votre cachette. Vous n'avez rien à craindre en me suivant. Votre généreux époux, en recourant à une pénible extrémité, m'a donné les instructions les plus douces. Tenez! pour ménager votre pudeur, je renonce à vous voir, sachant qui vous êtes. En quittant le réduit où vous vous êtes réfugiée, couvrez-vous le visage comme il vous plaira. Je ne chercherai pas à pénétrer le mystère de vos traits que

je suppose cependant adorables. Je marcherai devant vous. Vous me suivrez à distance, s'il vous plaît, jusque chez moi. Deux de mes hommes seulement vous costeront de loin pour vous rendre la fuite impossible. Vous voyez que vous avez affaire à un magistrat courtois et à un homme parfaitement élevé.

Mme Petconstat, bien qu'à demi morte de frayeur, comprit qu'une chance inattendue de salut lui venait de cette façon de procéder. Elle ouvrit doucement l'armoire, s'emmitoufla jusqu'à la ceinture dans sa dentelle.

— Je vous suis, Monsieur, dit-elle d'une voix éteinte.

— Et vous, reprit M. Petconstat, en s'adressant à Jacques, polisson que vous êtes, je vous donne deux heures pour évacuer le territoire d'une commune que la présence d'un débauché de votre espèce déshonore.

*
* *

Et il fut fait comme il avait dit. L'épouse coupable fut ramenée chez elle par son propre mari qui, par un surcroît d'égards et de délicatesse, mit sa propre main sur ses yeux, quand elle dut passer devant lui pour franchir la porte du domicile commun.

Un instant après, dans son salon, Mme Petconstat, qui n'avait pas encore compris un mot à tout ce qui s'était passé, mais qui, une fois le seuil franchi, avait jeté sa mantille au diable, causait avec Mme Gentil-Roussin de l'air le plus calme du monde. Un coup discret fut frappé à la porte. Le commissaire entra.

— Quoi! déjà liées! fit-il en regardant les deux dames avec aménité. Ma bonne amie, ajouta-t-il en s'adressant à sa femme, et en lui désignant Adélaïde, permets-moi de te présenter Mme Gentil-Roussin, la femme de mon collègue de Plessis-les-Nonnettes, qui vient passer quelques jours avec nous. Elle est charmante! pensa-t-il encore.

Enfin, s'approchant d'Adélaïde :

— Vous ne vous plaindrez pas de moi! j'espère, Madame! lui dit-il tout bas. Mais votre mari me l'avait écrit : La femme de César ne doit pas être soup-çonnée.

Le fait est que si tout le monde, à Plessis-les-Nonnettes, sut que le mal-

heureux Gentil-Roussin était cornard,
personne à Brignolles ne se douta que
M. Petconstat avait doublement raison
de l'appeler : Mon collègue !

CONTE DU BON VIEUX TEMPS

PRÈS tout, chacun place le « bon vieux temps » où il lui plaît et selon son goût. C'est pour M. Rouher, par exemple, celui où cet Allobroge des temps modernes jouait pacifiquement les Vercingétorix avec un César, son compère, et devant une Chambre de complaisants. Pour Mⁱˡᵉ Cora Pearl

2

il remonte plus haut encore. Pour moi
enfin, « le bon vieux temps » est celui où
l'hypocrisie des mœurs et du langage
n'avaient pas encore tué la gaieté française;
où l'esprit pétillait à l'aise dans les claires
fumées de nos vins gaulois; où un chat
s'appelait un chat sans faire hurler les
académies; où les maris trompés riaient de
leur mésaventure, avec tout le monde, et
n'en aimaient pas moins les enfants de leurs
femmes; où la liberté de vivre, comprimée
par de tyranniques institutions, se ven-
geait dans la liberté de penser et de dire;
où la grande âme de Rabelais soufflait,
comme un vent d'outre-tombe, plein de
fanfares joyeuses et de vaillantes ironies,
sur un monde qu'elle consolait de ses
maux séculaires et qu'un frisson d'affran-
chissement commençait à secouer. Ah!
comme j'aurais su gré à mes pauvres
parents de s'être hâtés un peu davantage
pour me faire naître à cette époque! Que
leur en aurait-il coûté de venir eux-mêmes
au monde quelques siècles plus tôt, puisqu'ils me devaient quitter à l'entrée même

du chemin de la vie ! Au lieu du vilain complet que je porte, j'aurais eu, comme mon ancêtre Panurge — car c'est de lui que date la noblesse de ma famille — un joli pourpoint à crevés sur le dos, un chapeau méthodiquement déchiqueté sur la tête, une culotte à braguette et de poulainières bottines, plus une petite dague à la ceinture. Je me serais promené, à l'aventure, dans un Paris sans Institut, sans Tribunal de commerce, sans Bourse, sans grand Opéra, dans un Paris idéal, uniquement composé de moulins de la Galette, avec de bonnes petites rues chaudes, — en hiver, — de l'haleine des tripes, — et fraîches, — en été, — de la buée des ruisseaux; dans un Paris uniquement peuplé de bons raillards et de galantes filles, où le rire clair de la Margot de Villon faisait écho aux rodomontades sonores des cavaliers d'aventure et aux facéties bruyantes des clercs tout frais échappés de Sorbonne. J'aurais mangé des godebilleaux, en bonne compagnie, arrosés de cervoise écumante et de vin d'Anjou, le plus gai de France, du soir au

matin, *a custodia matutina usque ad noclem*,
comme dit notre sainte Bible, au lieu d'être
mélancoliquement assis devant le papier
qu'il faut que je griffonne pour « gaigner
cahin caha ma paouvre et paillarde vie »,
comme disait mon maître François. (Les
anges eux-même lui fassent la cuisine au
Paradis !) Eh bien, je veux, au moins,
vivre, un instant, par la pensée dans cet
âge fortuné en vous contant une histoire de
ce « bon vieux temps-là ! »

*\
* *

C'était chose connue, non pas à Blois
seulement, la vieille ville montante aux
charpentes en auvent, mais dans le Blaisois
tout entier, et, pour le moins, jusqu'à
Vendôme, que Guillemette, la femme du
boucher Mathias, était un miracle de
beauté. C'était, d'ailleurs, l'avis de son
mari lui-même, qui en était fort amoureux,
et celui du capitaine Flamberge, qui en
était certainement plus amoureux encore,
comme il convenait à un homme qui n'y

était pas contraint. Fort sage, avec cela, la Guillemette, même au dire de ses voisines, qui, toutes, encornifiaient leurs époux avec une louable émula- tion et un zèle tout à fait méritoire. Mais il n'est vertu qui ne trébuche à quelque piège de l'amour. (Il en était au moins ainsi au temps où je parle, et ce n'est pas d'hier.) Flam- berge était tout à la fois chaleureux et patient, qualité de soupirants bien redoutable aux ma- ris. Il semblait at- tendre que les alouettes lui tombassent dans la bouche, tout en les faisant rôtir lui-même, à force de soupirs em- brasés et de flammes sournoises qu'il leur lançait de ses yeux et de son cœur. Il faut penser que, pour être long, ce pro-

cédé de cuisson aérienne n'en était pas
moins sûr; car il advint qu'un jour Guillemette se trouva à point pour être servie,
appétissante et rissolée, sous la jolie petite
barde de lard fin dont dame nature, un
vrai cordon bleu, avait enveloppé ses jolies
reins à fossettes. Le capitaine n'eut vraiment qu'à ouvrir sa boîte à jurons et
rendez-vous fut pris pour la nuit même,
dans la propre chambre de Guillemette,
attendu que Mathias devait partir pour
aller acheter des bœufs à la foire voisine,
et se mettrait en route à la tombée du
jour, ce qu'il fit d'ailleurs avec une par-
faite obéissance à cette mystérieuse loi qui
ne permet pas aux maris d'échapper à leur
destinée.

Je vous laisse à penser si Guillemette
l'embrassa de bon cœur quand il la quitta.
Car les femmes étaient déjà fort canailles
sous les bien-aimés rois de notre troisième
dynastie.

*
* *

Ah! si nous ne vivions pas « sous un

prince ennemi de la fraude », mais ami
des procès, et si je ne voyais à mes
trousses toute une horde de chicanous
arguant sur les moindres mots de mon
récit, comme je vous conterais bien cette
amoureuse nuitée d'un capitaine épris et
d'une bouchère affolée ! Mais bernique !
Devinez à votre guise, mes petits com-
pères. Moi je suis muet comme toutes
les carpes du palais de Fontainebleau
ensemble. C'est tant pis pour la morale.
Car vous allez vous représenter, j'en suis
convaincu, un tas de salauderies sans queue
ni tête, et moi j'aurais réglé, par la sagesse
de ma plume, les écarts de vos imagina-
tions, ne permettant à vos cerveaux folâtres
que des visions décentes et honnêtes. Mais
encore une fois tant pis ! C'est la faute du
temps et non pas la mienne, si vous vous
dévergondez à plaisir, faute d'un Mentor,
et je n'en ferai pas moins mon salut, si je
dois le faire, ce qui ne m'est pas fort bien
démontré. Je vous passe le plus beau assu-
rément et le plus poétique de cette aventure, et j'arrive droit au moment où

Mathias, s'étant aperçu en route qu'il avait oublié à la maison sa grosse bourse de cuir, vint interrompre inopinément cette idylle sous les draps et rentra dans la maison sans être attendu.

Je vous laisse à penser la terreur de Guillemette et la colère de Flamberge. Celui-ci se réfugie sous le lit, et celle-là renverse la lampe, après quoi elle se mit à geindre douloureusement comme une femme qui souffre de quelque atroce douleur.

— Pour Dieu, qu'avez-vous, ma mie, et où est la lumière ? demanda le vertueux Mathias en entrant et en trébuchant dans l'obscurité.

— Je ne sais, répondit Guillemette, quelle male colique m'est venue, mais je crois que j'en vais mourir. Pour le feu, il est éteint et je n'ai rien pour rallumer la mèche.

— Cela ne sera rien, mon amour.

Et Mathias, qui avait renoncé à son voyage, se déshabilla et se coucha près de sa femme, ce qui était son légitime droit.

Mais celle-ci de crier de plus belle, clamant que si le médecin ne venait bien vite, il ne la retrouverait plus, si bien que le pauvre Mathias dut se relever sans avoir goûté le moindre sommeil, se vêtir à la hâte et sortir au plus vite, le tout à tâtons ; car on n'avait pas inventé encore ces jolis petits morceaux de bois qui, depuis qu'ils se fabriquent sous le contrôle de l'État, sont si fort et si spontanément inflammables, qu'en approchant leur extrémité du feu clair ou de l'amadou incandescente d'un briquet, on peut espérer les voir eux-mêmes prendre feu en moins d'un quart d'heure. Durant ce temps, le capitaine, sans y voir clair davantage, se rajusta rapidement, et s'esquiva sans demander son reste.

*
* *

Or, il n'avait pas fait trois pas dans la rue et la porte était à peine retombée sur lui, qu'il vit venir à sa rencontre un homme hors d'haleine. Vite, il rejeta sur son visage son large manteau.

—· Mathias, lui dit l'inconnu, ta bourse est retrouvée et ma carriole t'attend pour te ramener bien vite au marché. Nous arriverons encore avant le jour. Tu vois ce que c'est que d'avoir de bons amis.

Et Babolein ajouta :

— Va, tu as joliment raison de t'envelopper dans ta limousine, car il fait un froid de tous les diables cette nuit.

Flamberge tâta du bout des doigts l'étoffe de son manteau. Le doute était impossible. C'était la lourde cape de Mathias qu'il avait sur les épaules. Dans cette maudite obscurité, il s'était trompé. — A quelque chose malheur est bon, pensa-t-il. Puisqu'on m'a vu sortir de la maison de sa femme, il vaut infiniment mieux qu'on me prenne pour lui.

— Volontiers, fit-il d'une voix que déguisait un feint grelottement.

Et il grimpa dans la carriole, se disant qu'au marché il trouverait bien moyen de s'échapper avant qu'il fît grand jour.

Mais le cheval trottait encore sur les

petits pavés aigus de la ville qu'un vacarme épouvantable se fit entendre et que nos deux compagnons durent descendre en entendant crier : Au secours ! Ils virent, en effet, bien vite un homme se débattant contre plusieurs autres, qui se préparèrent à la lutte en voyant arriver du renfort.

Savez-vous qui était le rossé et qui étaient les agresseurs ? Le rossé était tout simplement notre pauvre ami Mathias, que des coupe-jarrets avaient pris pour Flamberge, Flamberge, le redoutable capitaine du guet, leur plus mortel ennemi! Ils avaient reconnu, en effet, sur ses épaules, le manteau écussonné de l'officier, que le boucher avait revêtu, par erreur, chez lui. Celui-ci allait succomber quand l'arrivée du vrai Flamberge et de son guide rétablit presque l'égalité dans le combat. Mais la bataille fut longue et le bon droit, dans la triple personne de Mathias, Flamberge et Babolein, ne triompha qu'après un formidable échange de horions. Mathias et Flamberge avaient jeté chacun sa cape pour taper plus à l'aise. En sorte que, la vic-

toire accomplie, chacun d'eux reprit son
manteau propre , tout naturellement ,
Mathias sans se douter et Flamberge sans
raconter qu'il avait, un instant, porté celui
de l'autre. Le capitaine, qui était farceur,
ramena lui-même le boucher qui se confondait en remerciements, et le remit, le
plus cordialement du monde, à sa femme,
complétement ahurie. Ils devinrent deux
amis admirables. Quel beau trio nous
aurions fait si j'avais été leur contempo-
rain !

LES TERREURS D'OLYMPE

C'est un fait indéniable que, la nuit dernière, Olympe, la belle fermière, était couchée avec un autre que son mari. Le pire, au point de vue de la morale, c'est qu'elle prenait un plaisir extrême à cette erreur sur la personne, et que ce plaisir était partagé par M. Léon, héritier présomptif du château de la Gimblettière, garçon de vingt ans ne donnant aucune

espèce d'espérances, mais habile déjà dans
l'art de modeler des cocus, un de ces sots
que les femmes trouvent spirituels parce
que, pour les femmes, l'esprit de l'homme
n'est pas dans son cerveau. M. Léon avait
d'ailleurs tout ce qui remplace avanta-
geusement l'esprit pour les personnes qui
n'aiment pas à causer.

Et maintenant, comment cet allié par
les femmes à la noble race des Cucus de
la Hannetonière avait-il pris la place de
maître Minot dans le lit d'Olympe ? Parce
que maître Minot était allé à la ville prendre sa part du festival offert à ses élec-
teurs influents par M. de la Palinodière,
député de l'arrondissement, et avait pré-
venu qu'il ne rentrerait chez lui que le
lendemain.

Et ce n'était pas une ruse de mari :
M. Minot en était incapable. C'était le
désir honnête de manger gratuitement du
veau et de la romaine qui avait entraîné
cet homme de bien hors de ses lares
adultères. Minot était un confiant — pas
endurant, par exemple, et il n'aurait pas

fait bon être surpris par lui contant fleu-
rette à la belle Olympe !

Il avait d'ailleurs un gros chien, Duc,
auquel il s'en remettait absolument du
soin de faire bonne garde autour de son
magot rondelet et de sa femme plus
rondelette encore. Seulement il avait
compté sans la prédilection qu'ont les
chiens les plus féroces pour les personnes
élégamment vêtues. O vous qui dévalisez
volontiers les maisons de vos prochains,
race immortelle des Gille et des Abadie,
— je n'ai pas de conseils à vous donner, —
mais faites-vous habiller chez Dusautoy,
et vous n'aurez rien à craindre des
molosses qui gardent les foyers. C'est
ainsi que Duc, qui aurait dévoré vingt
hommes en blouse, avait tout au plus,
pour M. Léon, un petit grognement flatteur, quelque chose qui voulait dire certainement : « Peste ! mon cher, comme
vous voilà mis ! »

Minuit en était à son dernier coup (fatal
présage !) quand les aboyements joyeux de
Duc firent tressaillir les coupables amants.

En même temps une clef familière grinça dans la serrure du jardin. Enfin des pas sonnèrent sur le sable.

— Mon mari ! mon mari ! s'écria Olympe folle de terreur ! Cachez-vous !

— Mais où ? hurla M. Léon, qui, ayant sauté sur ses habits, courait, désespéré, par la chambre.

— Sous le lit ! expira l'épouse à demi-morte.

Et, en même temps, elle soufflait la lumière, puis cachait sa tête sous les draps.

La porte s'ouvrit aussitôt.

— Sacré nom ! pas une allumette ! grogna maître Minot, laissant l'huis un instant entr'ouvert derrière lui.

*
* *

La bougie était rallumée. M. Minot avait achevé de se déshabiller lentement, en homme bien élevé qui ne veut pas réveiller sa femme. Olympe feignait de dormir, en effet, mais quelle angoisse était en elle !

— Pauvre Léon ! pensait-elle. Comment le faire sortir de là ?

Au moment où son mari enjamba l'autel déshonoré des légitimes amours, un petit bruit répété se fit dessous : on eût dit quelque chose de raide qui frappait le parquet.

— Tiens ! mon vieux Duc, tu es sous le lit, dit affectueusement le bon fermier, et voyant que sa femme, à qui cette remarque rendait l'espoir, ouvrait enfin les yeux :

— Entends-tu comme cette brave bête bat de la queue ? lui dit-il en l'embrassant.

— Pauvre Léon ! pensa Olympe au martyre.

Et elle ajouta tout haut :

— Ah ! ça, Monsieur Minot, qu'est-ce qui vous ramène et vous fait troubler ainsi mon sommeil ?

— L'amour, ma petite femme, reprit de sa voix la plus douce le galant électeur qui avait le veau tendre et la romaine incendiaire.

Et, comme il disait cela, il passait son bras sous le cou charmant de la fermière et cherchait à l'envelopper de sa main libre. Olympe connaissait cette pantomime. Une sueur froide mit une rosée à son front. Infliger au malheureux Léon un tel supplice ! Son amour et sa pudeur se révoltaient en même temps à cette idée.

— Y pensez-vous, Monsieur Minot ? fit-elle en souriant nerveusement.

— Si j'y pense ! dit Minot.

Et comme il s'était approché davantage, le doute n'était plus permis : il y pensait et bien fort.

Que faire ? Se soumettre..... puisque M. Naquet n'a pas encore obtenu qu'on se puisse démettre en mariage. Mais la nature, au fond délicate, d'Olympe se révoltait contre ces caresses légales, dans un pareil moment. Elle n'avait pas achevé de les subir qu'un second hurlement lamentable et lentement exhalé comme un reproche sortit de dessous le lit. Il lui serra le cœur à le briser.

— Sublime Léon ! pensa-t-elle derechef.
Comme il souffre ! Et cependant, pour me
sauver, il tient son rôle jusqu'au bout.
C'est en chien qu'il pleure !

— Ah çà ! Duc, mêle-toi de tes affaires !
grogna tout haut M. Minot, ou je te flan-
que dehors.

La peur d'Olympe la reprit plus effroyable que jamais. C'était presqu'une morte
que maître Minot avait entre ses bras...

*
* *

— Allons ! mon vieux toutou, calme-
toi, dit joyeusement le fermier, qui, plus
heureux que M. Trochu, avait mené son
plan à bien.

Et comme il le faisait quelquefois, il
étendit sa main hors du lit pour l'offrir
aux tendresses de Duc.

Un petit bruit de lapement fort distinct
monta jusqu'aux oreilles d'Olympe et la
ranima.

— Comme ces gredins de chiens ont
la langue douce ! dit par manière d'apho-
risme maître Minot.

Pour le coup Olympe en eut mal au cœur.

— Ah ! fit-elle tout bas ; c'est admirable ! Mais le dévouement poussé à ce point-là devient de la lâcheté !

Et elle souffla la lumière d'une haleine furieuse, comme une femme à qui l'humanité fait horreur et qui ne veut plus rien voir autour d'elle.

— Bonne nuit, ma petite femme !

Et le fermier mit un bon gros baiser sonnant sur les joues de la malheureuse.

Mais Olympe ne dormit pas. Comment tout cela finirait-il ? Son mari ne se lèverait-il pas un moment pour lui permettre de faire échapper Léon ? C'était bien la peine de manger du veau ! Mais non !... il ronflait déjà, lui ! il ronflait de ce bon sommeil qu'ont les gens repus dont la conscience est sans reproche. Et le remord enlaçait sa pensée, à elle, de serpents mystérieux. Elle se représentait là, tout près d'elle, sous elle, condamné au silence, subissant les torticolis les plus abominables, aplati à chaque sursaut du fond du lit, tordu dans les positions les plus inhumaines, celui que, deux heures auparavant, elle avait enivré de caresses et de douces paroles !

— Après tout ce qu'il a fait, se dit-elle, il est capable de mourir sans dire un mot !

Et sa pensée marchant vite, le silence absolu l'emplissant d'une terreur croissante, elle eut, tout éveillée, un effroyable cauchemar. Elle vit Léon mort, passé au laminoir, défiguré, et poussa, malgré elle, un faible cri.

Un mouvement brusque y répondit sous le lit et en même temps le bruit d'un vase plein jeté à terre.

— Canaille de Duc ! hurla Minot qui avait le réveil en sursaut mauvais. Tu vas me le payer !

*
* *

Alors, ce fut une scène indicible.

Le fermier avait sauté à bas du lit et saisi, près de la cheminée, son énorme canne, un gourdin dont un seul coup eût abattu un homme comme une noix.

Olympe avait sauté derrière lui et, se cramponnant à sa chemise, se traînait éplorée à ses genoux en criant: « Grâce ! »

C'est qu'elle aimait mieux mourir, la vaillante créature, que de laisser tuer Léon.

Par une fatalité véritable, la chambre, obscure un instant auparavant, était éclairée d'un beau rayon de lune qui couchait à terre des nappes d'argent et rendait tout aussi distinct qu'en plein jour. Tout était donc bien perdu et l'heure du dénoûment avait sonné.

— Grâce ! grâce ! Pardon ! criait la pauvre femme en nouant ses mains éperdues autour du bras velu du fermier.

— Ah çà, qu'est-ce qui te prend ? finit par dire fort naturellement celui-ci en se retournant. Allons, va !... tu as raison, je suis en colère. Chasse-le toi-même. Ça vaudra mieux.

Son ton calme rendit la raison à l'affolée.

— Merci, fit-elle, en revenant à elle. Mais, de grâce, recouchez-vous.

— Tu as encore raison, répondit le fermier débonnaire en se rapprochant du lit — et en s'y glissant lourdement.

Mais la situation n'était qu'à.demi sauvée. Il était possible maintenant, il est

vrai, d'ouvrir la porte et de faire filer, sans que Minot le vît, quelqu'un qui se tînt à quatre pattes. Mais un faux mouvement pouvait tout perdre ; une manœuvre maladroite pouvait tout gâter.

Olympe commença par ouvrir, puis d'une voix tremblante :

— Duc ! Duc ! fit-elle, ici ! à la porte !

Et elle tenait le pan de sa chemise devant le lit pour en faire une façon de rideau, tandis que, de l'autre main, elle offrait aux mains de Léon un appui pour sortir de sa situation délicate. O surprise ! au lieu de Léon, c'est Duc, le vrai Duc, qu'elle vit s'échapper, la queue entre les jambes.

— Ils étaient deux ! pensa-t-elle.

Et, oubliant toute prudence, elle regarda sous le lit. Rien ! absolument rien ! que le dégât commis par le chien.

La chose était la plus simple du monde. Profitant de l'obscurité, Léon, qui savait son métier, au lieu de se fourrer bêtement dans une impasse, comme le lui avait conseillé Olympe un peu légèrement, était parvenu à s'échapper de la chambre pendant que Minot cherchait une allumette, et Duc avait profité également de la porte ouverte pour se faufiler sur les talons de son maître et se glisser sans bruit sous le lit.

De tout cela le fermier ne retint qu'une chose : l'amour de sa femme pour les chiens, et il ne put s'empêcher de conter à M. de la Palinodière comment Olympe avait imploré la gràce de Duc, avec plus de larmes qu'il n'en eût fallu pour sauver un amant. M. de la Palinodière en fut lui-même si touché qu'il en fit un rapport à la Société protectrice des animaux et que la belle fermière reçut, deux mois après, une médaille de bronze et 25 francs. Par une bizarrerie du destin, ce fut M. Léon, en habit noir et en cravate blanche, qui lui remit solennellement ce double encouragement au bien.

LES BRACONNIERS

E vent frais du soir faisait courir sur les chemins les feuilles rouillées, celles des peupliers, toutes petites, d'un jaune clair et pareilles à des sequins, celles des marronniers plus foncées et recroquevillées comme des serres d'oiseau de proie ; une buée légère montait des fossés pleins d'eau, comme si les étoiles, en y jetant leur image, y laissaient tomber les gouttelettes d'un métal en fusion. C'était un de ces soirs d'automne où semble haleter le dernier souffle tiède de l'été. — Je marchais dans l'herbe humide, mon fusil chargé sous le bras et mon carnier vide sur les reins, sifflant un air à la pleine lune, laquelle voguait, à l'horizon, sur une mer de nuées légères. Tout à coup, la silhouette du vieux garde se dressa devant moi. Il était aussi armé de pied en cap, mais son gibier ne semblait pas plus nombreux et plus lourd que le mien :

— Eh bien, père Grenette, vous revenez aussi de la chasse ?

— Non, Monsieur, j'y vais.

Et il ajouta d'un ton rageur :

— Il faut pourtant que ça finisse !

— Quoi donc, mon brave ?

— Eh ! morbleu ! Monsieur, les braconniers ! On ne trouvera bientôt plus un perdreau ni un lièvre à quinze lieues à la ronde ; la plaine et les bois, les maraudeurs ravagent tout. Mais je tiens enfin leur piste et je vous jure que, ce soir, leur quartier général sera à moi.

— Voulez-vous que je vous accompagne ?

— Au fait, Monsieur, ça n'est pas de refus. Ces gaillards-là ont le coup de feu leste et peut-être, si nous les surprenons, comme j'en suis à peu près sûr, nous ne serons pas trop de deux pour les tenir en respect. J'ai chargé mon fusil de gros plomb et je vous engage à en faire autant.

— Mais de quel côté nous dirigeons-nous ?

— Là-bas ; c'est là qu'est le nid de ces vilaines bêtes.

Et le père Grenette me montrait du doigt un vieux pavillon en ruine formant l'angle d'une immense propriété.

*
* *

Comme nous nous étions remis en route côte à côte et que j'étais revenu depuis la veille seulement au pays, je me mis à interroger le vieux garde dont la langue s'était déliée aux lèvres de ma gourde.

— C'est toujours à M. de la Tronche, lui demandai-je, qu'appartient ce grand bien ?

Et je lui désignai le parc vers lequel nous marchions à grands pas.

— Certainement, Monsieur, et Monsieur le marquis l'habite tout l'été. Pauvre Monsieur le marquis !

—Que lui est-il donc arrivé de fâcheux ? Mme de la Tronche...?

— Non, Monsieur, rien de pareil. Madame la marquise est toujours vénérée de tout le monde, et pourtant elle a joué un fameux tour à son mari.

— Lequel, père Grenette ?

— Mais celui de le lancer dans la politique. Vous n'avez donc pas su que Monsieur le marquis s'était laissé nommer sous-préfet au 16 Mai, sous-préfet à Champignol-en-Vexin ? Lui ! un royaliste de la vieille souche, un homme à qui M. le comte de Chambord écrivait tous les ans ! sous-préfet de la République ! Il est vrai qu'on lui avait expliqué qu'il n'avait pas à la

servir, mais bien à aider à la renverser, et
que c'était uniquement pour cela qu'elle
lui donnait un traitement et un habit brodé.
Mais une fois qu'il y fut, dans ce maudit
habit de sous-académicien, il ne voulut
plus en sortir. Il consentit à ne plus jeter
la République par terre, à attendre seulement qu'elle tombât d'elle-même pour
la piétiner... Un tas de platitudes, quoi !
Monsieur, il était devenu capable de poursuivre devant les tribunaux un homme qui
aurait crié : Vive le Roy ! dans son arrondissement. Il passait son temps à donner
des gages au gouvernement, comme s'il
jouait à la main chaude avec lui. Le gouvernement empochait ses gages, et quand
il les eut tous donnés, le flanqua à la porte.
« Je ne crois plus, lui dit son préfet, à la
solidité de votre conversion. Vous êtes devenu trop bon républicain. »

— Et Madame la marquise...?

— Elle boude maintenant son mari et
regrette sa sous-préfecture. Ah ! les femmes !

*
* *

Un aparté est peut-être ici nécessaire.
Je choisis, pour monologuer un instant, le
moment où le père Grenette, après cette
mélancolique apostrophe à la plus belle
moitié du genre humain, allume sa grosse
pipe de bruyère tout échevelée de tabac
humide et d'où monte une petite fumée
bleue. Avez-vous deviné que j'avais été
amoureux de Mme de la Tronche ? Si vous
ne l'avez pas deviné, je vous le dis et
j'ajouterai que c'était un peu pour la fuir
que, depuis trois ans, j'avais couru la Hol-
lande en touriste, oubliant les musées pour
l'admirable paysage qu'anime encore l'âme
des vieux maîtres de Haarlem ; oui, je
m'étais exilé volontairement pour me sous-
traire au charme pénétrant de cette étrange
femme dont les yeux avaient la couleur
des violettes de Parme et dont la chevelure de deux blonds différents mêlait le
flot d'or clair du Pactole à la vague plus
sombre d'un océan chargé d'algues jau-

nies. L'éclat de son teint avait je ne sais quoi de lilial qui faisait penser aux chairs mystiques de la grande Immaculée. Le dédain avait mis sa fleur amère sur ses belles lèvres d'un rose tendre. Tout était aristocratique, inquiétant, doucement terrible, dans cette créature d'une élégance suprême et douée d'un mystérieux pouvoir. Je n'avais jamais osé lui dire ce que je souffrais pour elle, parce qu'il me semblait qu'elle me répondait qu'elle le savait bien et que cela lui était absolument indifférent. Avant même que j'eusse rien demandé, j'avais senti déjà le poids de son refus.

Une telle femme avait-elle un amant ? en aurait-elle un jamais ? Ce sont choses que j'osais à peine me demander, tant mon amour était mêlé de respect, et tant j'étais dompté par cette extraordinaire figure, dont le mystère même me semblait sacré. C'est ainsi que Sabine (c'était son nom) avait passé dans ma vie, y laissant une empreinte, même sans y avoir posé le bout de son pied mignon, me déchirant d'un regard ou me consolant d'un sourire, sans avoir jamais effleuré mon cœur de ses doigts roses. C'est ainsi que, sans avoir l'air de s'en douter, mais le sachant toujours à merveille, certaines femmes nous torturent à distance par je ne sais quel magnétique enchantement.

*
* *

Le père Grenette avait fini d'allumer sa pipe. Nous étions, d'ailleurs, à vingt pas du pavillon. Alors il se rapprocha de moi pour me parler tout bas :

— Regardez bien cette bicoque, me dit-il. Tout à l'heure la fenêtre va s'éclairer. C'est comme ça tous les soirs. Vous pensez bien que ce n'est pas M. le Marquis et que ce ne sont pas les gens du château qui font trois kilomètres pour venir prendre le frais entre ces murs délabrés. Au reste, j'ai été tantôt regarder par la croisée et j'ai aperçu les restes d'un souper qu'on n'avait pas même pris la peine d'enlever. La moitié d'un pâté de gibier était encore sur la table. Du gibier ! cela m'a mis sur la voie. Voulez-vous parier que c'est là que les braconniers qui infestent ce coin se réunissent et se concertent ? Nous allons, d'ailleurs, en avoir le cœur net. Nous appellerons d'abord, et, si ce sont des gens du château, ils nous répondront certainement. L'un de nous deux ira se poster devant la fenêtre, afin qu'on ne puisse sauter par là, tandis que l'autre, enjambant cette mauvaise haie, marchera droit sur la porte du pavillon.

— Ce sera moi, si vous le voulez bien.

— Entendu. Et maintenant, plus un mot et marchons sans bruit.

En effet, pendant ce sage discours, la croisée s'était illuminée, comme l'avait si sûrement prévu le père Grenette.

Malgré toutes nos précautions, il paraît que le bruit de nos pas parvint jusqu'aux hôtes mystérieux de ce gîte, car, à notre approche, la lumière s'éteignit brusquement.

Chacun de nous, comme il était convenu, s'en fut à son poste, moi à travers le parc

devant la porte du pavillon, et le vieux garde
sous la fenêtre.

— Qui est là ? s'écria d'une voix ferme
celui-ci.

Le silence seul répondit.

— Etes-vous des gens de la maison ?
demanda-t-il encore.

Ni un mot, ni un souffle.

— Alors, rendez-vous ! criai-je à mon
tour.

— Et, d'un violent coup de crosse, j'en-
fonçai l'huis, qui craqua épouvantable-
ment.

Alors j'aperçus sensiblement un homme

qui sautait par la fenêtre et j'entendis le bruit de la lutte immédiatement entamée entre le vieux garde et lui. Comme j'allais fouiller la place, le fusil armé, une femme se dressa devant moi, puis, suppliante, tomba à mes genoux :

— Monsieur, ne me perdez pas, me dit-elle.

Et un clair rayon de lune ayant glissé entre deux pierres mal jointes, découpé par des tiges pliantes de volubilis, je la reconnus parfaitement : c'était Mme de la Tronche ; c'était Sabine !

Je lui tendis la main pour l'aider à se relever ; — puis, m'inclinant devant elle, je lui jurai que son secret mourrait avec moi.

*
* *

A mon tour je sautai ensuite par la croisée pour empêcher à tout prix le père Grenette de faire un esclandre. Je le trouvai en train de parlementer avec son prisonnier dans lequel je reconnus avec stu-

péfaction un de mes anciens camarades
d'école, le lieutenant d'artillerie Blanc-
Minot. Je jugeai l'instant et le lieu mal
choisis pour le féliciter de sa bonne fortune. Je répondis simplement de lui devant
le garde, et le fis mettre en liberté, expli-
quant sa présence là par quelque stupide
raison.

*
* *

Quand nous fûmes seuls, le père Grenette et moi, l'inquiétude me prit de connaître s'il avait été ma dupe ou s'il savait
absolument à quoi s'en tenir sur la nature
de l'événement. Mais le vieux paysan fut
muet comme une carpe tout le long du
retour. Je cherchai cependant à ramener
l'entretien sur la mésaventure politique
de M. de la Tronche, comme si la conversation précédente avait été simplement suspendue par un incident sans con-
séquence.

— Pauvre marquis ! me hasardai-je à
dire en quittant le garde.

— Ma foi, Monsieur, me répondit enfin celui-ci qui parlait d'or à ses heures de sagesse, m'est avis qu'il vaut mieux encore être cocu que sous-préfet. On est plus sûr de garder sa place !

GRAND VENT ET PETITE PLUIE

E n'est pas ma faute, après tout, si cette très véridique histoire commence, à fort peu près, comme une de celles que j'ai récemment contées. La comédie humaine est faite d'éternelles redites. C'est même en cela que la comédie qu'on joue au théâtre lui ressemble le mieux. Donc

les trois coups réglementaires sont frappés
et le rideau se lève sur un décor connu :
la paix menteuse d'une chambre conjugale et, dans le lit qui en fait le plus délicieux ornement, la femme et l'amant en
train de jouer le seul acte dont les gens
de goût ne se lassent pas. Il est minuit et
nous sommes à Carcassonne, chez le major
Bellavoine que ses camarades appelaient
le *cocumandant*. La femme s'appelle Olympe
et l'amant de celle-ci, — le meilleur ami
de Bellavoine, — répond au nom de
Léopold. Que voulez-vous ? tout le monde
ne peut pas se nommer Numa, comme
M. Baragnon.

Voyez... (rien du capitaine sur lequel
court un bruit qui n'est malheureusement
pas dénué de fondement), voyez, dis-je,
à quoi s'expose un des majors les plus re-
commandables de son temps, en allant
godailler avec des collègues au lieu de
veiller sur l'honneur du foyer domestique.
Il y avait réception, ce soir-là, dans le ré-
giment et il était notoire que, les soirs de
réception, M. Bellavoine ne rentrait ja-

mais chez lui avant six heures du lendemain matin. C'est bien sur quoi Olympe
et Léopold avaient compté pour se... non
pour *lui* flanquer une bosse.

Il y avait déjà trois heures qu'ils la po-
lissaient, limaient et perfectionnaient,
comme font les bons tourneurs en cor-
nes,

Vingt fois sur le métier remettant leur ouvrage,

suivant le sage conseil de Boileau, retournant l'objet sous toutes les faces, le prenant par tous les bouts. Olympe était in-
satiable. Léopold donnait sa langue au
chat, ce qu'on peut faire de mieux, d'ailleurs dans ce cas-là... Cric crac! une clef
grince dans la serrure de la porte d'en bas
et, tout aussitôt, le pas du major fit son-
ner dans l'escalier un cliquetis d'éperons.
La fuite était impossible. Tout ce que put
faire Léopold, subitement sauté du lit, ce
fut de se réfugier, avec ses habits, dans le
cabinet de toilette dont la chambre conjugale était flanquée. Au beau milieu de
ce *buen retiro* se dressait un appareil hy-

drothérapique avec son bassin de zinc à la base et son réservoir cylindrique au sommet; un rideau circulaire en grosse toile rayée permettait d'y goûter dans la solitude les austères joies d'une douche. Léopold n'hésita pas. Ayant jeté ses habits sous un meuble, il monta en chemise dans le bassin et tira soigneusement tout autour de lui le rideau protecteur.

Pendant ce temps-là, Olympe avait soufflé la bougie et faisait celle qui dort, comme c'est en pareil cas la coutume.

* * *

Le major Bellavoine rentrait d'une humeur exécrable. La réception avait été tout de travers. Des consommations pitoyables ! Aucune gaieté ! De plus, il avait perdu trois parties de dominos avec une mazette. Il en avait assez. Voilà pourquoi il rentrait de si bonne heure, ne se doutant guère du trouble qu'il apportait dans l'âme de sa femme et dans celle de son meilleur ami. Il se déshabilla sans dire un mot, jeta ses bottes dans un coin avec dégoût, regarda le temps par la fenêtre et entra dans le cabinet de toilette en grommelant. Un instant il regarda l'appareil hydrothérapique avec un air hésitant et en se frottant nerveusement la tête comme un homme qui éprouve le besoin de faire une réaction. Léopold était aux cents coups. Voyez-vous le major ouvrant le rideau ! Vaine terreur ! Bellavoine se contenta de vider quatre grands seaux dans le réservoir supérieur, pour préparer à l'avance sa douche du lendemain matin. Il y ajouta une cuillerée d'une lotion qu'il avait rapportée d'Afrique et dont les propriétés fortifiantes rendaient à l'âge mûr toutes les ardeurs de la jeunesse — un secret dont Abd-el-Kader se trouve encore fort bien aujourd'hui. Après quoi il rentra dans sa chambre, s'installa près d'Olympe avec précaution, en homme qui n'a pas envie de badiner et sait qu'il est imprudent de réveiller le chat qui dort. Quelques secondes après, ayant éteint toute lumière, il commençait avec son nez et sa bouche

une petite symphonie pour orgue que va-
riaient, par intermittences, des effets de
pédale tout à fait bien trouvés et soula-
geants. Quelle messe d'enterrement pour
les amours de la pauvre Olympe! Foin de
la mauvaise musique et du détestable en-
cens !

*
* *

Cependant Léopold, qui était éreinté
déjà de la position verticale et de l'immo-
bilité, commit une imprudence après tant
d'autres. Il voulut changer de posture et
fit ainsi jouer, par un faux mouvement le
ressort de l'instrument irrigateur. L'effet
ne se fit pas attendre. Une petite pluie fine
et glacée commença à lui choir doucement mais constamment sur la tête et sur
les épaules. Comme il était dans une obscurité complète, il lui fut impossible de
retrouver la clef qu'il avait si maladroite-
ment tournée, si bien que l'aspersion
continua, implacable, malgré tous ses
efforts. Il se sentait à la fois transi et
brûlé. Cette sacrée lotion lui incendiait

les moëlles tandis que l'eau le faisait gre-
lotter. C'était un supplice abominable. Si
cela devait durer un quart d'heure, il
mourrait certainement! D'ailleurs on fini-
rait par entendre de
l'autre côté le bruit
de l'averse dans le
bassin.

— Non de nom!
comme il pleut! dit
soudain Bellavoine,
en se réveillant après
un point d'orgue.

Olympe, qui ne
savait à quel saint se vouer, eut une ins-
piration. Elle aussi, trompée par le bruit,
croyait qu'il pleuvait au dehors.

— Ah! mon Dieu, s'écria-t-elle, et
la volière que j'ai laissée au fond du
jardin!

Elle savait que Bellavoine adorait ses
oiseaux. Les vieux militaires ont volontiers
de ces charmantes tendresses-là.

— Tu n'en fais jamais d'autres! grogna
le major, et, sautant du lit, il prit un pan-

talon, le premier venu, le passa en ron-
chonnant et sortit.

— Vite ! vite! sauvez-vous ! dit Olympe
à Léopold en entr'ouvrant la porte du cabinet de toilette.

Léopold ne se le fit pas dire deux fois.
Il s'élança de l'appareil injecteur comme
un fou. La lotion avait opéré au-delà de
toutes les craintes. Il était dans un état !
Il allait oublier la situation.

— Pas de bêtises ! lui dit Olympe en
pensant : Quel dommage ! (car les femmes
disent souvent une chose pendant qu'elles
en pensent une autre). Vite ! vite ! partez !

En deux temps Léopold fut vêtu, tout
de travers par exemple, mais enfin vêtu et
présentable à un trottoir. Il s'élança
comme une flèche.

— Sauvée, mon Dieu ! pensa Olympe,
en se recouchant.

Quelques minutes après, elle entendit
distinctement la porte donnant sur la rue
s'ouvrir avec bruit, et deux hommes
causer en montant l'escalier. Elle écouta
pleine d'angoisse, et reconnut parfaitement

la voix de Léopold et celle de son mari.

— Mon cher Léopold, au nom du ciel, pardonnez-moi ! disait l'excellent Bellavoine à son ami, avec des larmes dans la voix.

*
* *

— Entre donc ! entre donc ! Ma femme va te donner du linge à moi. Tu coucheras ici ! Ah ! mon Dieu, maladroit que je suis !

Et Bellavoine introduisait Léopold de force dans la chambre où Olympe se demandait ce que voulait dire tout cela.

— Ma chère femme, dit-il en arrivant, si tu savais ce que je viens de faire. Pauvre Léopold ! mon meilleur ami !

Léopold confus aurait tout donné pour s'en aller. D'autant que la damnée lotion continuait ses farces et qu'il se sentait horriblement gêné dans ses chausses.

— Imagine-toi, continua Bellavoine en s'adressant à sa femme, que, descendu dans le jardin, j'y trouvai un temps magni-

6

fique. Comme j'avais cependant fort distinctement entendu pleuvoir de notre chambre, je me dis : « Bon ! encore un ivrogne qui prend du bon temps avec mon huis. Attends un peu ! » Je sortis à pas de loup, en tournant le mur du jardin de façon à pincer mon délinquant par derrière. En effet, à mon approche, je vis un homme qui s'enfuyait de la porte donnant sur la rue.

— C'était Léopold qui se sauvait ! pensa Olympe.

Je le poursuivis, continua Bellavoine. Tu sais quel cerf je suis ! Je l'atteignis et vlan ! d'un seul coup, je l'envoyai rouler la tête la première dans le fossé plein d'eau qui sert de trottoir. Craignant qu'il ne se noyât, je l'y suivis et me trouvai face à face avec ce pauvre Léopold. Vite ! vite ! lève-toi et aide-moi à le remettre en état.

Olympe obéit : elle mourait d'envie de rire. Léopold, lui, se confondait en protestations. Mais il lui fallut subir toutes les tendres sollicitudes du major désespéré.

— Tu ne rentreras pas chez toi ! s'écria Bellavoine. Il est trop tard ! tu attraperais du mal. Tu vas coucher ici. Tiens ! dans le lit tout chaud. Ma femme et moi nous dormirons chacun à notre tour sur le canapé.

Et Bellavoine n'en démordit pas. Force fut que Léopold acceptât, qn'il se déshabillât, qu'il se laissât goberger, par le mari, dans la couche qu'il venait de déshonorer. Le major lui fit un lait de poule, lui glissa une boule d'eau sous les pieds. *Quos vult perdere Jupiter dementat*, a dit Tacite. Bellavoine passa son caban et coiffa son képi.

— Où vas-tu, mon ami ? lui dit sa femme.

— Réveiller le pharmacien, répondit l'héroïque ami, le consulter, acheter des rigolos.

Et il sortit comme une tempête.

*
* *

O canaillerie humaine !

Il fut absent tout au plus un quart

d'heure. Ce fut assez... ce fut trop. Quelle lotion, mes enfants, que celle que le major Bellavoine avait rapportée d'Afrique !

J'ai fini.

Ce conte avait uniquement pour objet de vous dire comment petite pluie, tombée d'un appareil doucheur, abattit le grand vent qui soufflait dans les orgues nasales et autres d'un homme de bien endormi.

LE SECRET DU DOCTEUR

ous êtes parfaitement ridicule, Monsieur Pharamond, de m'amener constamment à déjeuner des gens que je ne connais pas.

— Par exemple ! Tu ne connais pas Bonivar ? un camarade dont je t'ai parlé cent fois ! un ancien frère d'armes ! mon *alter ego !...*

— Que je n'ai jamais vu de ma vie.

— Tiens ! parbleu ! Il est depuis dix ans en province — sous-préfet à Soisy, — le seul des sous-préfets du 4 Septembre qui ait résisté à tous les orages.

— Une girouette !

— Non ! un garçon qui a toutes les convictions honnêtes.

— C'est d'autant plus stupide à vous que j'ai à sortir à une heure.

— Pardon ! Césarine ; mais il me semble que vous sortez beaucoup.

— Est-ce que, par hasard, Monsieur Pharamond, vous seriez jaloux ?

— Par exemple, bobonne ! je te connais trop ! Seulement, depuis un mois, tu me quittes bien souvent à une heure.

— Vous n'avez pas deviné pourquoi ?

— Eh bien, non.

— Monsieur Pharamond, vous êtes une bête.

— Allons ! les gros mots, tout de suite. Le diable emporte ce Bonivar qui me vaut d'être rabroué comme ça, et qu'après tout j'avais parfaitement oublié !

— Tenez, vous êtes aussi girouette que lui. Vous, vous seriez sous-préfet depuis 1830 !

— Je n'ai pas l'âge pour ça. Voyons, calme-toi. Si ! j'ai deviné ! *(A part :)* Sans doute, ma fête qui tombe dans six mois... une surprise *(Haut :)* Et je te remercie.

— Bah !

— C'est tout à fait gentil à toi.

— Vous trouvez ?

— Et, comme je te connais, je sais que c'est un plaisir pour toi-même.

— Vous ne vous trompez pas.

— Non ! c'est moi, peut-être.

— Vous voulez dire ?

— Que je ne suis pas sûr cependant d'avoir deviné.

— Eh bien ! tant mieux.

Ainsi causaient, sur l'oreiller, M. et Mme Pharamond, il y a juste trois jours de cela. Car moi, je ne raconte que des histoires actuelles. Les plus vieilles sont d'avant-hier ; quelques-unes même sont d'après-demain.

*
* *

Le déjeuner fut froid. Je ne parle pas des plats, mais de l'accueil que fit Mme Pharamond à Bonivar. Heureusement que Bonivar n'était pas susceptible. Il fit semblant de ne pas s'en apercevoir. Il fut gracieux au possible. Il eut même des mots.

Quand Pharamond lui présenta sa petite fille :

— Voilà, dit-il en regardant Césarine, une enfant dont j'eusse aimé à être le père.

— Tu ne serais pas le seul, répondit Pharamond.

Bref, si Césarine ne fit aucun frais, Bonivar en fit énormement. Il trouva tout exquis et redemanda deux fois d'un poulet en daube qui sentait horriblement le brûlé.

Pour tant de dévouement il n'obtint que des sarcasmes.

— Soisy n'est-il pas célèbre par ses cornichons ?

Voilà tout ce que Mme Pharamond trouva de gracieux à lui demande sur sa résidence. Il répondit que oui, bien qu'il n'en sût absolument rien. Car il n'est rien de tel que d'habiter un pays pour en ignorer les spécialités. Il y a un demi-million de Parisiens qui n'ont jamais vu le musée du Louvre.

A midi trois quarts, Césarine se leva après avoir vingt fois consulté sa montre, s'excusa vaguement et disparut.

*
* *

— Tu as une femme ravissante ! dit Bonivar.

— En effet, ravissante, répondit Pharamond avec conviction.

— Et tes deux enfants sont adorables.

— Ils sont de moi, et c'est l'essentiel.

— Ah ! tu es un gaillard heureux. Tu n'as pas changé depuis le collège.

— Tu trouves ?... je t'assure pourtant que je ne joue plus au cheval fondu.

— Ce n'est pas cela que je veux dire.

Mais je te retrouve avec ton caractère d'autrefois. Toujours rangé et soigneux... un ménage bien tenu... deux enfants tout juste.

— Pardon ! mais je n'avais ni ménage ni enfants au collège.

— Tu ne me comprends toujours pas. Enfin tout te réussit parce que tu as de l'ordre, parce que tu sais compter, parce que tu as une nature de teneur de livres, tandis que moi...

— Oui ! une nature de poète. Sacré Bonivar ! Est-ce que tu fais toujours des vers !

— Non ! plus depuis mon mariage.

— C'est vrai, au fait, tu es marié.

— Hélas !

— Comme tu dis ça ! Pauvre ami, est-ce que tu serais ?... Va ! tu ne serais pas le seul.

— Tu te trompes absolument.

— Non ! tu sais ; moi, j'en parle par oui-dire. Mais je t'assure que de fort honnêtes gens et qui n'étaient pas plus bêtes que d'autres l'ont été. Tiens ! Molière...

— Je te dis que tu n'y es pas ! Ma femme est d'une fidélité à toute épreuve... seulement je l'aime trop !

— Et tu t'en plains ?

— Certainement. Je n'y suffis plus...

— Pauvre diable !

— Nourrir huit enfants, c'est épouvantable avec un traitement de sous-préfet.

— Huit enfants !

— Oui, mon cher, en six ans, un tous les neuf mois. Un seul jour de repos par année bissextile. Compte plutôt.

— Gros sans soin !

— Ah ! oui, moque-toi de moi, toi qui n'en as que deux. Deux, le compte idéal! Un de rechange !

— Mon ami, j'en ai deux, parce que je n'y vais pas comme toi à l'aveuglette.

— Comment ? Tu as renoncé...?

— A rien du tout. Seulement j'ai consulté un homme de science. Je n'ai pas regardé au prix.

— Sapristi, conte-moi ça !

*
* *

— Mon pauvre Bonivar, c'est simple comme bonjour. Moi aussi, j'étais menacé

de la postérité d'Abraham ; seulement je l'ai compris tout de suite.

— Ça t'a bien avancé !

— Certainement. Pendant un voyage que je fis à Loudun, j'entendis beaucoup parler d'un célèbre médecin.

— Le docteur Rou...

— Monsieur Bonivar, vous êtes un impertinent.

— Je disais ça pour plaisanter.

— A la bonne heure ! Non, un docteur hongrois qui avait une recette merveilleuse contre l'excès de postérité, l'inventeur d'un traitement admirable et facile à suivre en voyage...

— C'est justement en voyage qu'il est le plus difficile...

— Ne m'interromps pas. Le docteur Croum-Pétard, de la faculté de Pesth-en-Vexin, était fort célèbre là-bas pour ses travaux dans cet ordre d'idées. Il avait reçu du gouvernement la grand'croix de Malthus et était correspondant de l'Académie de Trichebourg; un spécialiste sérieux, comme tu le vois, et qu'ici nous aurions fait de l'Académie française.

— Et nous aurions eu raison. Tout à l'Académie plutôt que des poètes... tout, même des cochers! La poésie m'a fait trop de mal!

— Enfin, j'allai le consulter.

— Et il te dit?

— Il me dit de lui remettre dix mille francs, ce que je fis sans plaisir; après quoi il ne me dit plus rien, mais il me remit un flacon et une ordonnance.

— Et qu'y avait-il sur cette ordonnance?

— Quelque chose de bien simple :
trois gouttes dans un verre d'eau cinq minutes avant.

— A boire ?

— Polisson ! oui, à boire.

— Toi ?

— Non ! ma femme.

— Et tu l'as fait ?

— Non, pas moi ; mais ma femme l'a
fait.

— Sans y jamais manquer ?

— Pas si bête ! Nous en sommes, je
crois, à notre cent-deuxième flacon.

— Mes compliments...

— Oui, tes compliments ! car c'est infaillible, et, depuis ce temps-là, j'ai toujours eu envie de rire quand j'ai vu des gens acheter des layettes.

— Quel admirable secret !

*
* *

Bonivar était pensif. Il mâchonnait son cigare éteint en rêvant. Tout à coup :

— Mais ce flacon ?... Qu'y a-t-il écrit dessus ? demanda-t-il.

— Mille choses, mais je ne sais pas le tzigane.

— Mais moi, j'ai voyagé en Hongrie... Je t'en prie, va me le chercher !

— Ça, non ! nous évitons de le promener, de peur de le casser. Je lui ai fait faire un écrin en velours ouaté pour les voyages. Autrement, il est toujours au même endroit, sous notre main, dans le chiffonnier qui est au coin de notre lit et dans lequel j'ai fait pratiquer un secret.

— Si tu fais des mystères avec moi, donne-moi au moins l'adresse de ce docteur Croum-Pétard ?... Je ferai le voyage et je donnerai les dix mille francs. J'y aurai encore de l'économie.

— Il est mort.

— Alors, toi...

— Moi, j'ai encore douze cents flacons à l'avance... pour toute la vie de ma femme, j'espère.

— Et tu ne m'en donnerais pas un ?... Je tâcherais de le faire durer.

— Demande-moi plutôt ma fortune : c'est Césarine qui en a l'entrepôt, et si je lui en chipais un seul !...

— Tu n'es guère complaisant pour un vieil ami chargé de famille !

— Tiens ! tout ce que je peux faire pour toi, c'est de te le montrer ; peut-être pourras-tu y déchiffrer quelque chose. Mais, pour cela, viens avec moi, parce que je ne veux pas le déplacer. Tu as une jolie veine que ma femme soit sortie, et que nous puissions entrer dans la chambre. Allons, montons !

Et M. Pharamond, précédant M. Bonivar, prit l'escalier en sifflotant un air triomphant, fit entrer son ami dans le sanctuaire conjugal en marchant lui-même sur la pointe des pieds, s'approcha du chiffonnier, fit jouer un ressort, tira doucement. Un tiroir vint à lui. Il le fouilla du regard, puis y mit convulsivement les doigts et faillit se trouver mal.

— Pharamond, qu'as-tu? fit Bonivar effrayé.

— Rien! rien! dit Pharamond, en cherchant à reprendre haleine.

— Mais encore ?...

— Rien, mon ami... Seulement...

— Seulement, quoi ?

— Eh bien ! ma femme les a emportés.

LE DÉVOUEMENT D'ARISTIDE

'AI pris un parti ce matin, Aurélie.

— Lequel, mon ami ?

— J'irai me constituer prisonnier aujourd'hui. Quatre grands jours sans te voir !

— Deux.

— Quatre ! Je ne t'ai donc pas dit que ma punition avait été doublée ?

— Et pourquoi cela ?

— J'ai fait un acte d'insubordination. J'ai insulté mon sergent-major à la dernière revue. Tu sais si je suis violent?

— Je ne m'en doute pas.

— C'est que je me contiens, ici.

— Vous avez bien tort.

— Enfin, ma pauvre chérie, je me décide à purger ma peine. En tardant davantage, je m'exposerais à ce qu'on vînt me chercher ici, à ce qu'on m'arrachât peut-être de tes bras. Je veux t'éviter ce spectacle révoltant.

— Vous avez raison, Latude.

Ainsi causaient, la tête sur l'oreiller, en l'an de grâce 1842, l'oncle et la tante de mon ami Jacques, de qui je tiens cette histoire, M. Latude Bertrand et Aurélie, sa légitime épouse, tandis que leur chat familier ronronnait sous l'édredon comme ont coutume de faire, dans les ménages bourgeois, ces philosophiques bêtes.

Un instant après, M. Bertrand se levait avec la dignité de l'homme qui vient de remplir un suprême devoir. Il passait dans sa chambre et écrivait à son meilleur ami,

M. Aristide Biseminet, la petite lettre que
voici :

« Mon cher Aristide,

« Je pars comme Silvio Pellico, mais
« pour moins longtemps, j'espère. Quatre
« jours seulement. Passe quelques fois à
« la maison. Aurélie n'a pas besoin d'être
« surveillée. Tu la connais mieux que
« moi. Mais une femme peut avoir besoin
« d'un conseil. Je compte sur toi.

« Ton fidèle,

« LATUDE. »

— Ce diable d'Aristide ! pensait-il en
cachetant sa lettre, comme il m'aime ! Ne
voulait-il pas faire ma prison à ma place !
J'ai eu toutes les peines du monde à lui
démontrer que cela était impossible. Il est
vrai qu'il est de Tarascon. Il me proposait
cela peut-être sans la moindre intention
de le faire. Tiens ! j'aurais dû le mettre à
l'épreuve ! rien que pour voir. Allons,
je suis une canaille de douter de mon
ami. C'est qu'avec ces sacrés Proven-
çaux !...

Dix minutes encore et M. Latude Bertrand, mouillé de baisers comme un chat qui vient de courir dans la rosée matinale, franchissait le seuil conjugal et donnait à un cocher l'adresse de l'hôtel des Haricots, de classique mémoire. Car, ainsi que vous l'avez saisi avec votre perspicacité ordinaire, c'est comme garde national que M. Latude Bertrand allait manger quelques légumes secs aux frais de son gouvernement et causer, dans une langue toute militaire, avec ses voisins de dortoir.

*
* *

Après deux ou trois rues tournées, M. Bertrand qui avait pris un mylord (je rappelle le nom de ces jaunes voitures, uniquement par amour de la couleur locale), se retourna brusquement, s'assura que personne ne le suivait, et glissant un louis dans la main calleuse de son automédon :

— Au Bas-Meudon ! lui dit-il à demi-voix ; chez Contesenne Ier.

Avait-il perdu la tête ? Pas le moins du monde. Mais cet infidèle mari avait menti comme un capucin en annonçant à sa femme un surcroît de châtiment. Il n'avait en réalité que deux jours de cachot à faire, mais il s'était dit : En en annonçant quatre chez moi, je pourrai m'amuser un peu pendant la moitié du temps ! Et il avait écrit à Mlle Olympe Chicholl, une petite amie qu'il avait dans la banlieue du mariage, *extra muros* du lit conjugal ou *in partibus infidelium*, si quatre sous de latin sont nécessaires à la digestion de cette idée. Mlle Olympe Chicholl adorait la campagne et avait accepté avec enthousiasme un rendez-vous au bord de la Seine.

O rives du Bas-Meudon, où l'on mange en côtelettes tous les moutons qu'y a abandonnés Mme Deshoulières ! Terre sainte des fritures ! Jérusalem des canards aux petits pois ! Terre fidèle où la dynastie des Contesenne verse aux générations les Argenteuil et les Suresnes, orgueil des vignobles voisins ! Fleuve tranquille

dont les saules égratignent à peine de fils
d'argent la surface bleue ! Coteaux dont
le poétique « ohé ! » des canotiers trouble
seul la solitude silen-
cieuse ! charmant
paysage où j'ai moi-
même aimé pas mal
de perfides amantes!
ferme, comme un ri-
deau, tes horizons
de verdure sombre
et de ciel pâle sur
le bonheur de ces
deux naufragés de la
grande ville. Garde-
leur tes lilas les plus
embaumés, tes gou-
jons les plus savou-
reux, tes pigeons les
plus tendres! Patrie des Oaristis bour-
geoises, sois clémente à ces deux exilés!

Il paraît que ces deux jours passèrent
comme une ombre, — celle du bonheur !
Mlle Olympe Chicholl avait couru sur tous
les gazons, vogué dans tous les canots,

monté tous les ânes et M. Latude Bertrand
l'avait suivie partout, sur terre et sur
l'onde. Je ne parle pas des nuits, plus
courtes encore que les jours. Pour la
troisième fois depuis leur arrivée, le soleil
couchant allait leur lancer, de dessous le
pont de Sèvres, son large sourire d'or,
quand M. Bertrand comprit qu'il avait
juste le temps d'aller se constituer prisonnier le jour même, sous peine d'être fort
embarrassé dans quarante-huit heures.

Les adieux furent plus touchants que
ceux de Fontainebleau.

Mlle Chicholl fit jurer à son amant qu'il
gifleraiit son capitaine pour avoir, la prochaine fois, une plus longue permission.

*
* *

Quand M. Latude Bertrand se nomma
au greffier de l'hôtel des Haricots :

— Vous avez donc oublié quelque chose ?
lui demanda celui-ci.

— Non, Monsieur ; je viens me soumettre à la loi, répondit le soldat citoyen
avec dignité.

— Gros farceur ! Mais puisque vous venez d'être mis en liberté il n'y a pas dix minutes.

— Vous dites ?

— Je dis que M. Latude Bertrand (c'est bien votre nom ?) vient de finir ses deux jours de punition.

Et ouvrant le livre d'écrou, le greffier vérifia son dire et referma l'énorme bouquin.

Le pauvre Latude se pinça pour savoir s'il ne rêvait pas. Il reprit cependant son sang-froid, grâce à cette précaution salutaire, et, pour éclaircir un soupçon qui lui venait, il se mit à sourire au greffier de fort bonne grâce :

— Vous avez raison, lui dit-il, je vous faisais une très bête de plaisanterie. J'ai, en effet, oublié quelque chose dans mon cachot et je voudrais dire un mot au geôlier.

Celui-ci fut mandé. M. Bertrand l'attira dans un coin d'où leur entretien ne pouvait être entendu.

— M. Latude Bertrand sort d'ici ? lui demanda-t-il.

— Oui, Monsieur.

— Tenez, voilà cinq francs. Comment est-il ?

— Un grand beau garçon avec des favoris comme le roi. Un vrai gaillard.

— Des yeux bleus ?

— Oui.

— Des cheveux blonds.

— Oui.

— Et un grain sous l'œil gauche.

— Précisément. Allons, je vois que vous le connaissez.

— Plus de doute, se dit Latude, c'est cet animal d'Aristide qui s'est sacrifié pour moi ! Eh bien, si les gens du Midi se mettent à faire ce qu'ils disent, on ne peut vraiment plus compter sur rien ! C'est sublime, ce qu'il a fait, mais c'est stupide ! Si ma femme le sait, elle va se demander à quoi j'ai passé mon temps pendant ces deux jours-là ! Et puis j'en avais annoncé quatre. Je ne peux pas encore sortir d'ici. Si elle venait vérifier ma présence, maintenant !

Et l'époux infortuné maudissait, à la

fois, et sa propre imprudence et le dévouement inopportun de son ami.

Il prit le parti d'écrire tout de suite un
mot à celui-ci. Rien que cela : « Frère,
merci, mais pas un mot à ma femme. Tu
as été héroïque, sois muet ! » Un commissionnaire emporta ce billet laconique et
M. Bertrand demanda au greffier la permission de s'asseoir un instant, comme
pour en attendre la réponse. La vérité est
qu'il était brisé par tant d'émotions. Le
greffier, un vieux, qui aimait beaucoup à
causer, lui accorda sans difficulté la grâce
qu'il demandait.

*
* *

— Croyez-vous que votre femme doit
vous attendre avec impatience ? lui dit le
bon greffier par manière de conversation.

— En effet, répondit vaguement M.
Bertrand, sans trop savoir ce qu'il disait.

— Ah ! ah ! mon gaillard, tous les maris
ne sont pas aussi amoureux que vous !

— Vous dites ?

— Je dis que, si vous étiez un voleur,

nous dirions qu'on vous a pris la main dans le sac.

Et l'aimable magistrat enregistreur se mit à rire bêtement.

— Comprends pas, répondit M. Bertrand impatienté.

— Ne vous fâchez pas. C'est bon signe quand les époux se couchent de bonne heure.

— Soit.

— Mais avouez aussi que nos agents ont été bien gentils. Quand vous avez demandé dix minutes de tête-à-tête avec Mme Bertrand, dix minutes de grâce, nous avons bien deviné pourquoi... Dame, quand on part pour deux jours... Nos anciens avaient le coup de l'étrier... Vous...

— Qu'est-ce que vous me chantez là ? finit par dire M. Bertrand en se levant.

— Ne faites donc pas l'innocent, mon petit père. J'ai là le rapport.

— Quel rapport !

— Celui de votre arrestation, parbleu ! Nous en avons assez ri. On vous a pincé au lit, bien qu'il fût à peine sept heures du soir. Vous vous êtes soumis de bonne grâce, mais Mme Bertrand a fait un tas de folies. Elle s'est jetée aux pieds de nos hommes ! elle a arraché ses vêtements ! Notez qu'elle était en chemise ! Une bien belle femme, paraît-il ! C'est vous-même qui l'avez calmée ; vous avez demandé dix minutes pour ça... Mais on dirait que ça vous ennuie, que je vous montre à quel point nos renseignements sont exacts ?... Soyez tranquille, mon vieux ; c'est pour vous faire voir seulement que nous savons tout. Mais ça ne sortira pas d'ici.

M. Bertrand était positivement anéanti. Il avait compris l'horrible vérité... et il venait de remercier Aristide !

— Canaille de Biseminet ! murmurait-il sourdement. Et j'ai pu croire un instant que ce Méridional de malheur...

Puis, s'adressant au greffier :

— Je vais partir dans un instant, Monsieur, lui dit-il ; mais voulez-vous me permettre d'y écrire une lettre encore, une lettre sur du papier à en-tête, sur du papier de prisonnier ?

— Voilà, mon tourtereau !

*
* *

Une heure après, Mme Bertrand, de son petit nom Aurélie, recevait cette lettre :

« Ma chère amie, mon malheureux caractère m'a fait faire encore une sottise. J'ai tué trois gardiens, dont un gardien-chef. Le conseil de guerre s'est immédiatement réuni et m'a condamné à la détention perpétuelle. Nous ne nous reverrons jamais. Adieu ! Ton fidèle Latude ! »

C'est que M. Bertrand n'était pas un sot et il le montra dans cette circonstance. Sentant sa vie gâchée chez lui, il se résolut à la refaire ailleurs. Ayant été chercher le soir même les fonds qu'il avait chez un banquier de ses amis, il prit, dès le lendemain, en compagnie d'Olympe, le paquebot pour l'Amérique.

Ils y sont depuis ce temps-là et font à mon ami Jacques un tas de petits cousins bâtards. *All right !*

Mᵐᵉ Bertrand se console avec Aristide Biseminet. Tout est bien qui finit bien. C'était vraiment un bon temps que celui de la garde nationale ! « Arc-en-ciel de la Liberté » l'appelait un chansonnier de l'époque... De la liberté conjugale, s'entend.

UN RENDEZ-VOUS

ù diable suis-je, et quelle heure peut-il bien être ? Tels furent les premiers mots que prononça M. le baron des Engrumelles en se réveillant, tout endolori, sur le canapé d'un cabinet du café américain.

Il faisait grand jour, et, entre les lourds rideaux mal fermés, un clair sillon de lumière filtrait, coupant en deux la pièce d'une raie blanche, et faisant entrevoir, à des yeux habitués à l'obscurité, la table encore chargée de fruits et de liqueurs, les glaces rayées en mille endroits par les diamants des soupeuses, et la dernière haleine bleue des cigares flottant en brises légères.

— Franchement, ces animaux-là auraient bien pu m'éveiller et m'emmener, reprit le baron en continuant son monologue. Passe encore pour MM. de Francastor et de Castel-Bouzin, avec qui je ne suis pas intimement lié ! Mais Clodomir, qui savait que je dois rentrer chez moi ! Clodomir, mon meilleur ami et celui de ma femme ! Non ! c'est vraiment imbécile, ce qu'il a fait là !

Et M. des Engrumelles, tendant péniblement son bras jusqu'à la sonnette, appela le garçon.

— Quelle heure, s'il vous plaît ?

— Midi.

— Apportez-moi l'addition.

— Monsieur, elle est payée.

— Alors donnez-moi mon paletot.

Le garçon obéit. Le baron qui se tenait assez mal debout, passa le bras dans le pardessus qui lui fut tendu, comme un complaisant automate qui ne sait et ne voit rien de ce qu'il fait. Puis il se rassit languissamment et fourra machinalement une main dans la poche du vêtement. Il y sentit un petit papier gracieusement plié en quatre, l'en tira par désœuvrement, y jeta les yeux par curiosité et y lut ces mots :

« Je vous attends demain, à deux heures, rue des Grandes-Écuries, 27. Vous demanderez au concierge Madame Bertrand ; il vous remettra une clef et vous donnera les indications nécessaires. Ah ! mon ami, que je suis heureuse ! »

— Demain ! dit des Engrumelles, en regardant la date de la lettre. Demain ! mais c'est aujourd'hui !

*
* *

Et, se frottant les yeux, il parcourut

par trois fois l'écriture fine et parfumée du billet :

— Je ne me rappelais pas, se dit-il encore à lui-même, qu'aucune de ces dames m'eût donné un rendez-vous. Après cela, dans l'état où j'étais, on ne fait guère attention à rien, et, dans celui où je suis encore, on manque volontiers de mémoire. Tâchons de me rappeler... Voyons ! il y avait avec nous la belle Olympe Blanc-Minot... ce n'est certainement pas elle ; elle n'a jamais pu me sentir... Nous possédions aussi la pétulante Célestine de Mirandole... Celle-ci, cette brute de Francastor ne la quitte pas, tant il en est jaloux... Ce n'est donc pas elle non plus. Reste Blanche Saint-Chérubin... Eh ! eh ! je me suis permis avec elle quelques licences qui n'ont pas été autrement mal reçues, et elle était ma voisine dans la voiture qui nous a amenés ici... Mais je me rappelle maintenant ! elle avait demandé un buvard au café Riche ! Plus de doute ! c'est Blanche!... Diable ! Blanche !... Mais c'est Clodomir qui l'avait produite à cette petite fête !

Clodomir, mon meilleur ami et celui de ma femme ! Chiper là maîtresse de Clodomir n'est peut-être pas le comble de la délicatesse... Eh bien ! avec ça qu'il s'est joliment conduit avec moi, ce matin même, Clodomir, en m'oubliant ici, comme un colis ! Je serais bien bête de me gêner ! Cette Blanche est jolie comme un cœur. Deux beaux yeux d'un bleu foncé qui ressemblent à des violettes de Parme, des cheveux noirs qui lui dessinent une dentelle sur le front, un nez d'Arlésienne droit et correct, une bouche fine et qui s'ouvre à peine sur les plus admirables dents du monde, et un galbe !... oh ! un galbe ! en voilà une qui aurait tenté l'incrédulité de saint Thomas. Cette Blanche est adorable et ce Clodomir est un polisson ! Ma femme ne m'attend, après tout, que ce soir et me croit encore à Tourcoing. D'ailleurs un galant homme ne joue pas les Joseph et les Hippolyte dans une société civilisée. J'irai rue des Grandes-Ecuries. Je verrai cette fausse Mme Bertrand. Je tromperai Clodomir à tire-larigot !

Et secouant de nouveau la sonnette :

— Jacques, servez-moi à déjeuner et ayez-moi une voiture à deux heures moins un quart.

*
* *

A deux heures précises, le cocher s'arrêta devant une maison d'un aspect tout à fait calme et bourgeois. M. des Engrumelles descendit de voiture, ragaillardi par quelques douzaines d'huitres arrosées d'excellent chablis. Il fit chez la concierge la démarche prescrite, en y ajoutant un louis tout neuf, ce qui ne la gâta pas. Le concierge se décida alors seulement à ôter sa casquette et lui remit une clef, en lui disant presque à l'oreille : « Au second la porte à gauche. » Le baron sentit son cœur de vingt ans battre dans sa poitrine, en montant l'escalier.

La porte s'ouvrit sans bruit, comme une porte qui a conscience de son devoir, et M. des Engrumelles entra dans un petit salon dont les rideaux étaient fermés. Une

portière était à demi soulevée et donnai
sur une autre pièce dans laquelle des bou-
gies étaient allumées. M. le baron y péné-
tra d'un pas léger. Une femme qui lisait
sur un canapé, dans le plus galant des

déshabillés, leva la tête et devint livide,
tandis que le baron laissa choir sa canne,
tant était grande sa stupéfaction.

— Ma femme !

Mme des Engrumelles était debout, et
un silence de mort se fit entre eux.

Mais le baron, avec la perspicacité qui
distingue tous les hommes, comprit bien
vite que sa femme avait tout appris et lui
destinait une belle scène. Il entreprit de la
désarmer par son humilité.

— Marguerite, pardonnez-moi ! lui dit-il d'une voix suppliante.

A ces mots, la baronne eut comme un sursaut d'étonnement et se remit comme par miracle.

— Vous avez deviné, méchante jalouse, que mon voyage à Tourcoing était un mensonge ! Vous m'avez fait suivre, vous m'avez fait remettre ce billet et vous êtes venue m'attendre ici ! J'aurais bien dû reconnaître votre écriture !

Et il tendit à sa femme le fameux poulet qu'elle prit fiévreusement, regarda avec stupeur et déchira avec empressement.

— On ne peut rien vous cacher, Sigismond ! Et bien ! oui, j'ai fait tout cela, ajouta-t-elle d'une voix plus sévère. Et, comme la colère lui venait enfin : Oui, j'ai fait tout cela et maintenant je sais à quoi m'en tenir sur votre compte ! Ah ! voilà comme vous me traitez ! Vous allez godailler avec des gourgandines et des filles ! Mais il y a des tribunaux, Monsieur des Engrumelles, pour châtier les époux parjures et leur arracher leurs victimes. Je vais courir chez mon avoué. Je me ferai publiquement séparer de vous. Je veux un scandale épouvantable ! Ah ! misérable ! gredin ! lâche que vous êtes ! me tromper si indignement !

Et, s'étant montée peu à peu, la baronne était devenue admirable d'indignation et superbe de fureur. Jamais elle n'avait été plus belle !

Le baron s'en aperçut et se jeta à ses pieds.

Il fut tendre ! il fut passionné ! il fut éloquent ! O faiblesse éternelle des femmes ! Celle-ci ne put résister à de belles paroles. Elle pardonna, l'innocente ! Elle pardonna tout à fait, au-delà du pardon même, et un rayon de lune de miel glissa dans cette chambre mercantile, éclairant le plus complet et le plus légitime des bonheurs.

— Quels instants délicieux ! pensa le baron en sortant et en prenant amoureusement le beau bras potelé de Mme des Engrumelles. Mais, c'est égal, j'aurais bien voulu tromper ce saligaud de Clodomir !

*
* *

Les deux époux regagnèrent à pied leur hôtel, comme deux tourtereaux, avec maints charmants badinages. Les passants les regardaient avec un œil d'envie, — j'entends les bons passants, — car les mauvais se moquaient d'eux. O la douce et charmante promenade ! Il faisait déjà nuit, car on était en hiver, et ils étaient demeurés longtemps sans s'en douter, rue des Grandes-Écuries. Un léger brouillard, qui semblait boire, comme un papier buvard l'encre, la lumière des becs de gaz et l'estompait en l'éparpillant, les enveloppait d'un voile transparent et reculait son mobile horizon devant leur beau rêve. Aussi leur chemin fleuri de serments et de mots d'amour semblait, comme celui du Juif errant, ne devoir jamais se terminer. Mais hélas ! les routes douloureuses sont les seules qui ne finissent pas. — Il fallait bien se rendre à l'évidence en se trouvant devant la porte. On était arrivé !

Le concierge de l'hôtel était sur le seuil et, courant au baron :

— Monsieur le baron, lui dit-il en lui remettant une lettre, voici un mot qu'on a apporté vers deux heures, et la personne est bien impatiente de la réponse, car elle a envoyé au moins quinze fois depuis ce moment-là.

M. des Engrumelles brisa le cachet et lut :

« Mon cher Sigismond,

« Tu dois certainement avoir mon paletot, car moi j'ai le tien. Cet imbécile de garçon de restaurant se sera trompé ce matin. Renvoie-moi le tout de suite. J'ai dedans des papiers d'importance que tu n'auras pas même vus, (car je sais ta discrétion !) mais dont j'ai un pressant besoin.

« Ton fidèle

« CLODOMIR. »

M. des Engrumelles devint vert-pomme et lâcha brusquement la main de sa femme ! Il courut au réverbère voisin et poussa un cri de colère ! Aucun doute ! Il avait bien

sur lui le pardessus de l'infâme Clodomir,
et le rendez-vous de la rue des Grandes-
Ecuries n'était pas pour lui !

De quoi se plaignait-il, après tout ?...
— Il avait tout de même trompé Clodomir.

PAUVRE CASCAMILLE!

I

Si jamais, me disait le petit Cascamille quand nous étions tous les deux au lycée de Marseille, sa patrie, si jamais un homme osait toucher ma joue du bout de son doigt, je le couperais en quatre morceaux avec une scie frottée d'ail et je les jetterais aux quatre coins de la Cannebière.

Ce propos d'enfant rageur m'était resté dans l'esprit; j'avais perdu d'ailleurs Cascamille de vue depuis vingt ans, au moment où commence cette histoire. — Je savais seulement que ce fougueux Provençal qui ne jurait que d'être Turco était tout simplement commissionnaire en huiles. Je dois à la vérité cependant de dire que, pendant la guerre, il s'était engagé dans les spahis de Beaucaire et avait vaillamment contribué à la défense du pont d'Avignon.

Donc, il y a deux ans de cela et par une saison pareille, j'étais à Bruxelles, non pas comme caissier démissionnaire, mais comme spectateur assidu des immortelles expériences de mon ami le colonel Werstraët. Vous connaissez tous le titre de son fameux mémoire : *Le solfège des opprimés ou la parole rendue aux sourds-muets par l'emploi logique des gaz naturels et musicaux dont la nature les a si libéralement doués.* Nous venions de passer une rude journée et avions entendu plus de vingt sujets en vase clos; — car toute déperdition par

courants d'air pouvait altérer les résultats,
— quand Werstraët me proposa d'aller
nous distraire pendant une heure, à son
cercle, le cercle des *canonniers philanthropes*, situé comme tout le monde le sait,
*rue de la Montagne aux herbes potagères pour
juliennes et bouillons laxatifs.*

On faisait grand bruit à la table voisine
de la nôtre.

— Oui, Messieurs les bourgmestres,
criait un grand diable blond, dont la chaîne
de montre couvrait littéralement le gilet,
je parie vingt-cinq louis que je soufflette,
sans le connaître, un monsieur qui ne me
rendra pas ma gifle et ne m'en demandera
pas raison.

— Je les tiens, dit flegmatiquement un
Anglais dont les favoris évasés étaient du
plus beau jaune.

Mon ami Werstraët me dit à l'oreille :

— Encore cet animal de major Van den
Bourik qui va faire quelque excentricité !
Voilà à quoi pourtant passe son temps
notre jeunesse guerrière, en attendant
qu'un remaniement de la carte d'Europe

annexe la France à la Belgique, ce que je ne souhaite pas d'ailleurs, ajouta mon prudent ami, car je suis sûr que vos Parisiens nous donneraient infiniment de tintouin.

— J'en ai peur aussi, lui répondis-je. Ce gredin de Rochefort serait fort capable de faire le lendemain une Lanterne contre le roi des Belges.

Il se faisait tard et nous avions bu trente-deux bocks en moins d'une heure. Je partais d'ailleurs le lendemain, et je me séparai du bon colonel, en lui donnant rendez-vous à la gare pour les adieux; puis je regagnai mon hôtel, sis rue du *Fossé aux ours blancs du Caucase.*

*
* *

Voici un aveu qui coûte cher à mon chauvinisme, mais les gares belges sont infiniment plus agréables que les gares françaises. On n'y connaît pas les vases clos si favorables aux expériences de mon ami Werstraët et que nous décorons du nom pompeux de salles d'attente. Les voyageurs n'y sont pas parqués, comme des moutons aux octrois et ne défilent pas, un à un, devant un vérificateur qui a toujours l'air de vouloir leur couper un bouquet de laine. Bien au contraire, ils entrent tout droit sous l'immense vitrage qui protège l'embarquement et circulent tranquillement sur le double trottoir qui borde les voies ferrées. Leurs amis et leurs parents les y accompagnent et restent avec eux jusqu'au départ. C'est même une promenade couverte pour les oisifs, qui viennent y regarder les mollets des dames qui montent en voiture. C'est là que m'attendait le colonel, et nous fîmes cinq ou six tours ensemble, en fumant un dernier cigare, au milieu d'une foule dans laquelle je crus apercevoir de loin l'énorme chaîne de montre du major Van den Bourik.

Cependant, l'horloge ne permettait plus aucun répit. Après une suprême poignée de main, je montai en wagon. Devinez qui je reconnus dans le coin de droite ? Mon vieux camarade Cascamille. Le gaillard

avait sous les sourcils une paire de charbons qui ne s'oublie pas. J'allai à lui, je
me nommai; il me sauta au cou.

— Té ! ce brave ! me dit-il, et je crus
qu'il allait m'écraser.

Le sifflet retentit. Cascamille reprit sa
place et le lourd wagon commençait à
s'ébranler, avec des hoquets de fer, quand
une voix cria au dehors:

— Isidore ! Isidore !

Cascamille, curieux comme autrefois,
passa immédiatement la tête à la portière.

Je ne vis rien, mais
j'entendis le bruit d'un
superbe soufflet, suivi
d'éclats de rire, et j'a-
perçus mon nouveau
compagnon qui ren-
trait brusquement la tête, en portant
vivement la main à sa joue.

—Troun de l'air ! lé couquine ! hurla-t-il.

Et il voulut s'élancer hors du wagon,
mais le train était tout à fait en marche et
nous dûmes nous précipiter sur lui pour
le retenir et empêcher un malheur.

Moi, je pensai tout simplement, me reportant par la pensée à la soirée de la veille : Le major Van den Bourik vient de gagner son pari.

*
* *

— Lé grédine ! criait Cascamille ; je n'ai vu que son dos ! Il a fui comme un lâche ! Impossible de me venger !

Et il s'arrachait les cheveux avec un désespoir moitié comique, moitié effrayant.

Ma première pensée avait bien été de lui révéler le nom de l'insulteur anonyme, nom que le hasard m'avait si singulièrement livré. Mais je me rappelai le serment effroyable de Cascamille enfant. Je me l'imaginai frottant d'ail une scie ébréchée et faisant du beau gilet de ce pauvre major Van den Bourik deux lambeaux contenant chacun une moitié de poitrine. Et les membres inférieurs, donc ! Je reculai d'horreur devant l'image de cette boucherie et je me tus comme fit autrefois Conrart, et comme devrait le faire aujourd'hui M. Jules Simon.

Je tentai même de consoler mon ancien Pylade, en lui persuadant qu'il se trompait et que c'était tout bonnement un maladroit qui l'avait caressé du coude en se retournant. Mais il se récria comme un diable à cette idée :

— Puisque je l'ai vu fuir, té ! et que j'ai entendu rire ses complices ! Car ils s'étaient mis plus de cinquante pour le coup. Mais il ne le portera pas en Paradis : il y a des juges à Bruxelles et de fameux juges. Ils condamnent des caissiers tous les jours. Nous allons descendre à la prochaine station et j'y déposerai ma plainte, on le retrouvera bien ! tu me serviras de témoin !

A la prochaine station, en effet, Cascamille m'entraîna hors du wagon.

Nous fûmes reçus dans le bureau du chef de gare par un joufflu en casquette rouge, portant des lunettes, qui nous fit très poliment asseoir.

Avec sa faconde toute provençale, Cas-

camille lui raconta longuement son af-
front. Cela dura vingt-sept minutes, pendant lesquelles le consciencieux employé
ne cessa d'écrire sur un énorme registre.
Il en était à la dixième page (et quelles
pages !) quand ce fut fini et quand il nous
pria de signer. Le principal intéressé commença, mais à peine eut-il tracé, au bas
du feuillet, un magnifique : *Pisistrate
Cascamille*, que l'employé qui suivait des
yeux le bout de sa plume se leva, en prenant un air sévère :

— Vous ne vous appelez donc pas Isidore? demanda-t-il d'une voix inquié-
tante.

— Non, Monsieur, mais Pisistrate.

— Mais alors de quoi vous mêlez-vous
et pourquoi me faites-vous perdre mon
temps, puisque ce soufflet n'était pas pour
vous ?

Et il nous congédia d'un geste qui ne
permettait pas la réplique, en ajoutant:

— On ne se moque pas de la justice
belge, savez-vous !

*
* *

Quand nous voulûmes reprendre notre train, il y avait un bon quart d'heure qu'il était parti.

A cette découverte, Cascamille, très rouge jusque-là, pâlit affreusemeut et s'affaissa sur un banc.

— Ça c'est le bouquet! soupira-t-il d'une voix mourante.

Et, lentement, comme un homme qui peut à peine parler, il m'avoua qu'étant parti pour trois jours, il y en avait vingt qu'il télégraphiait, tous les matins, à sa femme pour lui annoncer son retour. Une petite *drôgue* du théâtre de la Monnaie qui lui avait fait faire des bêtises!... Enfin sa femme lui avait signifié que, s'il n'arrivait pas cette fois-là au train indiqué, elle-même prendrait de la poudre d'escampette et en ferait voir de grises à son honneur!

La situation était critique, il faut en convenir.

D'autant plus critique que le train suivant n'arrivait que le lendemain matin à Paris.

Il nous fallut bien nous en contenter. Le reste du voyage fut affreux. Cascamille était visiblement sur les charbons. Il disait des choses stupides. Il accusait la Compagnie de ne jamais arriver en avance. Il maudissait les chemins de fer. Il assurait que les anciens coucous allaient plus vite. Enfin il fut assommant. Il était dans un tel état que je crus prudent de le reconduire chez lui.

Le concierge lui remit une lettre silencieusement, mais avec une mimique qui voulait dire : « Encore un de plus ! »

L'infortuné lut rapidement et, d'une main tremblante, me passa le factum. Il y était écrit :

« Monsieur, j'en ai assez de vos débordements. Il faut des époux assortis, dit le proverbe. Vous êtes coureur, je serai cocotte. Comme ça, nous nous rencontrerons peut-être quelquefois.

« Celle qui fut Philadelphie Cascamille

et qui sera demain Delphie Mouchette. »

— Que faire ! me dit Cascamille.

— Subir ton sort, lui répondis-je. Car il est probable que tu arriverais trop tard pour le conjurer.

— Je vais me jeter, à corps perdu, dans l'huile pour oublier.

— C'est ce que tu as de mieux à faire.

— Je pars demain pour Aix.

— C'est une excellente idée.

*
* *

Il y a deux ans que je n'ai revu Cascamille. Mais, il y a deux jours, traversant Bruxelles en Brabant, comme disent les militaires, j'aperçus le major Van den Bourik derrière une chaîne plus insolente encore que les précédentes et donnant le bras à une fort jolie créature, ma foi, que je reconnus du premier coup pour une Parisienne. Je demandai son nom à un godelureau très au courant des galanteries brabançonnes.

— Mais c'est la célèbre Delphie Mouchette ! me répondit-il sur un ton méprisant pour mon ignorance.

J'étais confondu des caprices du hasard. Si je prévenais Cascamille ?... Mais non ! l'ail ! la scie ! et ce gros compère dispersé aux quatre coins de la Cannebière ! C'est trop affreux ! C'est égal, battu et trompé par un inconnu ?

J'ai bien fait d'être discret. En arrivant ici, je trouve ces simples mots de mon vieux camarade sur une carte de visite : « Je suis content ! mais je la rattrapperai ! »

Pauvre Cascamille !

II

Six mois plus tard : Cascamille avait retrouvé sa femme !

— Ah ! mon cher camarade, combien je regrette de ne pas connaître ce judicieux M. Villemot, qui a si bien démontré la nécessité d'une *Agence des mauvais ménages !* Peut-être n'a-t-il pas saisi lui-même toutes les beautés de sa propre invention ! J'aurais aimé à lui raconter combien nous autres, maris malheureux, sommes exploités par de faux auxiliaires et quels tours nous jouent de prétendus conseils...

— En effet, mon pauvre Cascamille, tu plaides, en ce moment, en séparation.

— Et je serai vraisemblablement condamné à faire à ma femme quelque pension abominable, faute d'avoir pu la pincer *flagrante delicto,* comme dit mon avoué M⁰ Letornard.

— Après tout, mon vieux, tu ne peux pas exiger raisonnablement que Madame Cascamille fasse des sottises uniquement pour faire plaisir à ton avoué.

— Des sottises ! Mais mon ami, elle ne fait que cela et pis encore ! Seulement je manque absolument de moyens pour les constater. Ce n'est que dans la *Princesse de Bagdad* qu'un époux outragé peut

aller, séance tenante, quérir un commissaire, l'arracher violemment à son déjeuner
et lui proposer, comme dessert, d'enfoncer
une porte. Dans la vie, un commissaire à
qui l'on offrirait cela vous rirait au nez et
demanderait le fromage. Le nombre des
formalités nécessaires pour donner l'éveil
aux coupables et les mettre en garde est
soigneusement exigé. Aussi sommes-nous
complétement désarmés. Il nous faut,
comme à notre ancêtre Ménélas, faire un
siège de Troie avant d'obtenir la moindre
satisfaction. Mais méfions-nous des alliés !
Tous des fripons! Tandis qu'une administration véritable, sur le modèle de celles
de l'Etat que l'Europe nous envie, avec
des sous-directeurs, des chefs de bureau,
des sous-chefs, des commis de quatre
classes et des surnuméraires, des garçons
et des agents de comptoir, autorisée même
par le gouvernement, comme établisse-
ment d'utilité publique, et spécialement
chargée de la comptabilité des délits ma-
trimoniaux inspirerait la confiance et don-
nerait la sécurité. Car voilà, n'est-ce pas, ce

que votre judicieux M. Villemot avait rêvé ? Ce doit être un homme bien sérieux, fort âgé et d'une grande expérience ; car la gestation d'une telle idée suffit bien à remplir la vie d'un homme de travail.

— Aussi Villemot l'avait-il dès l'âge de deux ans, ce qui lui permet d'être jeune encore et de rire à l'occasion avec les gens de son âge.

— C'est égal, le respect m'empêcherait de l'aborder pour lui dire mon aventure.

— Chargez-moi de ce soin, mon bon Cascamille. Il est rare que Villemot me refuse une audience quand je la lui fais demander par un ministre qui est de mes amis.

Et Cascamille s'ouvrit à moi dans les termes que voici :

* *
*

En attendant l'issue du procès, nous avions été autorisés par M. le juge commissaire à vivre chacun de notre côté, à la seule condition de donner notre adresse.

J'en avais profité pour m'installer rue de
Babylone, pendant que Mme Cascamille
élisait domicile avenue de Villiers. Quelle
sympathie dans les moindres choses ! Or,
un jour, Me Letornard me dit, en cares-
sant ses favoris :

— Vous qui connaissez votre femme
mieux que quiconque...

— Vous me flattez.

— Mais non ! mais non ! Est-elle personne se à tenir pendant dix-huit mois
tranquille ?

— Ça ! jamais de la vie !

Eh bien, comme votre affaire durera au
moins ça, si tout va aussi vite que je l'espère, à votre place, je la ferais surveiller
pendant ce temps-là. Si, aux faits déjà
articulés par vous contre elle, vous pouviez
ajouter quelques faits nouveaux plus graves
encore, votre cas s'améliorerait sensiblement. Si vous arriviez à la faire surprendre
flagrante delicto, vous obtiendriez votre
séparation *de plano,* comme disaient, pour
la beauté de la rime, les jurisconsultes la-
tins. Vous auriez même la joie ineffable

de la faire mettre en prison, au lieu de continuer à la nourrir.

Je me pourléchais positivement les lèvres à cette délicieuse idée.

— Mais, hasardai-je, par qui la faire suivre ?

— Innocent ! il y a des agences qui se chargent de ces diverses missions. C'est un peu cher, mais quelle économie pour l'avenir si l'on réussit ! Tenez, j'ai là une douzaine d'adresses... Voyons un peu... *Agence Dumollet, Agence Laveyssière, Agence Laridon...* Vous voyez, on n'a que l'embarras du choix... Ah ! cette carte que m'a laissée, il y a deux jours, un monsieur fort bien, ma foi, portant une rosette aux mille couleurs ! Celui-ci avait tout à fait l'air d'un homme du monde et je lui confierais volontiers la chose. Bon ! je ne la trouve plus.

Au même instant, le premier clerc entr'ouvant la porte, annonçait :

« Monsieur des Andelys. »

— Quelle chance ! s'écria Me Letornard, le voilà justement. Faites entrer.

Et un homme entre deux âges, d'une tenue parfaitement correcte, s'avança en saluant avec une aisance pleine de courtoisie. Je lui expliquai mon cas et lui dis mon nom.

— Monsieur, reprit-il aussitôt, grâce à ma merveilleuse police, j'ai déjà des renseignements généraux sur votre femme. Mme Cascamille mène une vie de polichinelle.

J'eus véritablement le cœur inondé de la plus pure joie, et Me Letornard faillit m'embrasser :

— Nous sommes donc parfaitement sûrs de la pincer avant huit jours. Voulez-vous me confier une provision de cinq cents francs ?

Je fus un peu moins satisfait de cette seconde partie du discours.

— Je vous rendrai ce qui ne sera pas dépensé, me dit M. des Andelys, et je vais vous donner un reçu.

Je m'exécutai.

— Je crois, dit Me Letornard, que nous avons à faire à un malin.

Moi, j'en étais déjà convaincu. Nous prîmes rendez-vous pour dans trois jours.

*
* *

Je vous prie de croire que je fus exact... M. des Andelys aussi. Il tira d'une superbe serviette en maroquin un véritable volume manuscrit.

— Vous ne direz pas, fit-il en me le montrant, que nous avons perdu notre temps.

Et il me tendit ce dossier, que je commençai à lire fiévreusement. C'était, ma foi, le compte-rendu fort exact des faits et gestes de Mme Cascamille. J'y trouvai l'heure authentique à laquelle elle ouvrait ses rideaux et l'emploi de ses soirées dans les moindres détails. Elle avait été trois fois de suite au spectacle et soupé après dans les meilleurs restaurants. Seulement son cavalier l'avait toujours quittée à sa porte. J'en fis l'observation à M. des Andelys.

— Il ne faut qu'une fois, me dit-il, pour qu'il rentre avec elle, et alors !

— Oh ! Alors !... reprit Me Letornard en se frottant bruyamment les mains.

— Et bien, continuez, répondis-je avec philosophie.

— Je crois bien ! Seulement il vous faudra renouveler la provision.

— Mes cinq cents francs sont déjà mangés !

— Ce n'est pas notre faute, Monsieur, reprit gravement M. des Andelys, si Madame Cascamille induit mes agents en frais extraordinaires. Voilà trois loges qu'ils ont été obligés de prendre aux spectacles les plus coûteux, afin de continuer à veiller sur elle. Ils ont été contraints de la suivre ensuite dans les restaurants les plus chers pour ne pas faillir à leur tâche. Vous pensez bien qu'au café anglais et chez Bignon ils n'ont pas pu demander un ordinaire à trente centimes et un demi-setier d'Argenteuil. Il leur a fallu manger de la dinde truffée, des primeurs et boire du champagne frappé, afin de ne pas être remarqués. Ils ont même dû inviter des femmes à godailler avec eux pour n'inspirer aucun soupçon. Ah ! le métier a de rudes exigences. Des voitures tout le temps ! Et pas des fiacres ! on pourrait remarquer les numéros. Des coupés de chez Brion. Votre femme ne leur épargne aucune dépense ! Ah ! les pauvres diables sont sur les dents, et si nous avions beaucoup de clientes comme celle-là, il faudrait y renoncer.

— Il a parfaitement raison et ça se conçoit de reste, conclut Me Letornard, et vous auriez tort de lésiner, en vue d'un pareil résultat.

Aussi ne lésinai-je pas. Mais je me promis de surveiller, à mon tour, les surveillants de ma femme.

*
* *

Je reçus justement avis, le lendemain, qu'elle souperait, le soir même chez Brébant. Un ami charitable me prévenait par

un mot. Je ne perdis pas un instant. J'allai
me commander une perruque blonde et
une fausse barbe. — Je les essayai ; j'étais
méconnaissable ; — et, à minuit, je me
mis en observation devant le restaurant.
Je fus enchanté, je l'avoue, en apercevant M. des Andelys, suivi de deux autres
messieurs, lesquels entrèrent avec lui en
se parlant mystérieusement à l'oreille.

Cependant des couples descendaient de
voiture et s'engouffraient derrière la portière de tapisserie de l'entrée, les femmes,
si prodigieusement emmitouflées, à cause
du grand froid, que je désespérai bientôt
de reconnaître la mienne dans une de ces
pyramides de fourrures et de tricots.
J'étais d'ailleurs moi-même transi, et je
pris le parti de pénétrer à mon tour dans
ce palais de lumière d'où sortait, par
bouffées argentines, un cliquetis de fourchettes.

En passant dans un salon donnant sur
les cabinets du premier, je vis auprès d'une
porte, seul et installé devant une douzaine
de marennes, un des compagnons de

M. des Andelys, lequel compagnon je reconnus à ses énormes favoris noirs.

— Voilà un de mes hommes, pensai-je, et je n'ai qu'à rester là.

Je m'assis à une table et, ma perruque et ma barbe me gênant horriblement, je profitai de ce qu'aucun garçon n'était là pour les soulever, un instant, afin de me donner un peu d'air.

— Cascamille ! s'écria le monsieur aux favoris noirs.

Et, écartant lui-même de ses joues les deux immenses paquets de poils, il me montra une tête que je n'avais pas oubliée.

— Beaucadet ! m'écriai-je à mon tour.

Un garçon entra ; nous remîmes nos insignes, mais je m'étais rapproché de mon ancien Labadens, Beaucadet, le paresseux, celui que nous avions tous perdu de vue, le sachant noyé dans la bohème.

— Je ne te demande pas, lui dis-je, pourquoi tu es là, car je le sais.

— Alors, fais-moi le plaisir d'accepter à souper; car tu dois savoir aussi que ça ne me coûte rien. Nous allons nous flanquer une fameuse bosse. C'est un gogo qui paye.

Le gogo, c'était moi!

— C'est que je n'ai pas bien faim.

— L'appétit te viendra en mangeant et d'ailleurs, moi, j'en ai un extraordinaire. Je mangerai pour deux. Garçon! garçon!

Et le misérable commanda les gibiers les plus extravagants, les suprêmes les plus invraisemblables, les plus fastueux entremets, les vins les plus abracadabrants. Lucullus chez Sardanaple! Et Sardanaple, c'était moi!

— Le métier a du bon, comme tu vois, me dit-il, en susurrant un madère, surtout quand on le fait comme moi.

Une fausse pudeur m'avait empêché de lui avouer que j'étais le mari pour qui il travaillait, et la honte d'être le gogo qu'il pillait avait encore bien mieux retenu ma langue.

— Pauvre hère! pensai-je; ta misère l'a-t-elle assez dégradé ! Il était pourtant très malin autrefois, et aurait pu exercer honnêtement une honorable profession. C'est sa goinfrerie qui l'aura perdu !

— Dis-moi, lui demandai-je enfin, la personne est là, n'est-ce pas ?

— Parbleu, me dit-il en me montrant la porte du plus proche cabinet.

— Avec un monsieur.

— Je te crois.

— Alors, ce soir, tu les tiens bien.

— Je les tiens.

— Et tu ne les lâcheras pas ?

— Je t'en réponds. Au reste, quand ils sortiront du cabinet, je compte amener un scandale pour faire constater la chose devant témoins. Seuls, durant deux heures, dans un cabinet particulier, à une heure du matin ! C'est parfaitement suffisant.

Un coup de sonnette retentit. Un garçon entra dans le cabinet, tenant à la main une addition sur une assiette.

— Attention ! fit Beaucadet.

La porte du cabinet se rouvrit. Un monsieur de robuste aspect en sortit le pre-

mier. Derrière lui marchait une femme
enveloppée dans une immense pelisse
de petit-gris, avec une mantille sur le
visage. Puissance de l'illusion ! Elle me
parut plus grande que ma femme. Quand
ils arrivèrent près de la porte de sortie de
la salle, Beaucadet arracha brusquement
ses favoris et se jetant devant eux :

— Arrêtez, Madame, c'est moi ! cria-t-il
d'une voix de tonnerre.

J'étais positivement atterré.

— La femme voulut fuir, mais il la prit
par le bras et lui découvrit brutalement le
visage. — Malheureux ! m'écriai-je, tu t'es
trompé, ce n'est pas elle !

Et je voulus le retenir par le pan de son
habit, mais il m'envoya un vigoureux coup
de poing.

— Je te dis que ce n'est pas ma femme !
hurlai-je en me relevant.

— Ta femme, imbécile ! me répondit-
il en s'acharnant à sa proie, tandis que les
garçons maintenaient le cavalier de la
dame en respect, afin d'éviter une bataille.
Ta femme, je m'en moque pas mal ! C'est

la mienne que je surveillais à tes frais. Moi aussi, je plaide en séparation.

J'étais abasourdi.

— Quelle clique ! pensai-je en descendant l'escalier, furieux. Canaille de Beaucadet !

Un couple me heurta en descendant derrière moi et faillit me jeter par terre. Le voile de la dame en tomba. Pour le coup, c'était bien ma femme ! et l'homme qui lui donnait le bras, c'était M. des Andelys, un gardenia à la boutonnière. Avant que je fusse revenu de ma stupeur, ils avaient disparu dans un landau.

Et Cascamille, épuisé par les émotions de son récit, se laissa tomber sur une chaise.

VENGEANCE DE MARI

E que c'est pourtant que
de nous ! Avoir été un
des plus sémillants offi-
ciers de la garde royale,
porter un nom fameux au
temps des croisades, s'être
entendu comparer à Lauzun, posséder un cof-
fret plein de souvenirs de femmes, et vieillir
seul, dans un château abandonné, n'ayant

pour compagnie que de grossières gens!
Ce sort épouvantable était cependant, il y
a quelques années, celui du marquis Veaubouché de Fessencœur, un ancien beau, un
ancien brave, un double débris ! Lui-même
s'indignait quelquefois de cette trahison de
la Fortune, las qu'il était de contempler, au-
dessus des portes de son castel, le fier bla-
son des ancêtres écorné et rongé par les
mousses, ou bien de poursuivre mélancoliquement un lièvre dans les avenues d'un
parc aux allées herbeuses, aux taillis mal
peignés. Alors le regret de ne s'être pas
marié comme tant d'autres lui venait, bien
que la pratique d'une vie orageuse lui eût
donné de la vertu des femmes une opinion
engageant peu à nouer avec elles des nœuds
éternels. Il les avait beaucoup aimées, —
celles des autres, s'entend, — et elles le lui
avaient beaucoup rendu, — aux dépens des
autres, s'entend encore. — Mais tout ne va-
lait-il pas mieux que cette solitude déses-
pérée dans un coin de province ignoré
des touristes eux-mêmes, et auxquels les
géographes, qui ne sont pas difficiles

pourtant, refusaient jusqu'à leur estime !

A force de méditer sur ce thème douloureux, le marquis en vint à concevoir une idée qui aurait dû lui mériter une bonne loge au grand théâtre de Charenton, celle de réparer l'ancienne omission et de se refaire l'existence autrefois manquée, l'existence à deux, pleine de soupçons et d'angoisses, mais aussi de tendresses et de pardons. Il se dit d'ailleurs, qu'ayant beaucoup étudié sur le vif les ressources de la fourberie féminine, il en aurait plus aisément raison qu'un autre ; — car il était décidé à veiller de près sur son titre, ne tolérant pas même la pensée d'un accroc à l'honneur de son nom. Il se dit encore et enfin qu'en élevant à lui une jeune fille sans fortune, sans naissance, sans espoirs heureux, il obtiendrait de sa reconnaissance la fidélité qu'on ne saurait quelquefois demander même à l'amour.

Et c'est par cette suite de raisonnements absurdes que le marquis Veaubouché de Fessencœur fut conduit à demander un jour solennellement la main de Mlle Eve Mitonnet, fille du sieur Mitonnet, avoué à Charançon-sur-Orge, lequel Mitonnet fut trop heureux de se débarrasser de sa race dans des conditions si inattendues.

*
* *

Eve n'était ni brune ni blonde, mais elle était brune et blonde à la fois, ayant sur des cheveux bruns d'admirables reflets d'or et dans des yeux foncés de pâles et mourantes étincelles. Ce genre de beauté double, équivoque, malaisé à définir est particulièrement redoutable. Il y a de tout dans ces natures complexes, des caresses infinies et des colères redoutables. Mais il y a surtout un instinct perfectionné de trahison, un don d'hypocrisie rare même chez ce sexe dont la tromperie est le véritable élément. Heureuse d'être Madame la marquise, Eve résolut de rendre heureux Monsieur le marquis, et elle y parvint sans grand'peine, le pauvre vieux buvant, comme un rayon de soleil ou comme un verre de vin réchauffant, le rayonnement tardif de cette éclatante jeunesse. Comme il se saoûlait à pleins regards de cette crinière opulente aux fauves lumières, de ce beau teint mat aux éburnéennes blancheurs, de ces chairs roses et fermes enfermées dans de si harmonieuses lignes ! Comment eût-il pu, d'ailleurs, souffrir de ce qui faisait sa joie, en devenant jaloux de tant de charmes ? Il habitait seul, avec sa jeune femme, le moins fréquenté des châteaux, sans amis, sans visiteurs, sans voisins, dans une façon de Thébaïde où se complaisait son rêve.

Il en fut, du moins, ainsi jusqu'au jour où son vieux camarade, son plus cher compagnon d'autrefois, officier aussi de la maison de Charles X, le comte Flagellant de Vertmiché, lui adressa son neveu, colonel de hussards, que le hasard des garnisons envoyait dans le chef-lieu du département. Confiant dans une compagne aussi tendre pour lui qu'Eve, tout au souvenir d'une affection douce et virile à la fois,

M. de Fessencœur reçut à merveille le
nouveau venu, lui ouvrit sa maison toute
grande, en fit son hôte ordinaire. Ce fut,
de vous à moi, une grande sottise qu'il fit.

*
* *

Il fut près d'un an sans s'en apercevoir.
On s'habitue au danger d'autant plus aisément qu'on ne le voit pas. C'était son cas.
Il fallut pour lui ouvrir les yeux la surprise
de signes d'intelligence entre le colonel et
la marquise. Alors il surveilla, observa,
espionna. Mais je vous ai dit qu'Eve était
une femme plus fine que presque toutes les
autres. Il en fut pour ses humiliantes
démarches et ses maladroites embûches. Et
cependant, comme au fond il n'était pas
une bête, il ne doutait plus. Il se dit alors
que le piège le plus grossier et le plus usé
était encore peut-être le meilleur. La naïveté
est la meilleure arme contre les malins. Il
est rare qu'ils la soupçonnent. Ce qui est
trop simple n'entre plus dans leur esprit.
Il imagina des affaires de famille à dé-

brouiller chez des notaires de Paris et annonça son départ. Tout avait été si bien préparé qu'on y crut. On y crut bien davantage encore quand un valet, envoyé par Eve sur les talons du marquis, vint annoncer qu'il l'avait vu, de ses yeux vu, monter en wagon, ce qui supposait, chez ce subalterne, un don d'ubiquité bien merveilleux, attendu qu'il était demeuré à deux lieues de la gare, dans une auberge, à jouer au bouchon. Le colonel lui donna deux louis pour ça, ce qui, avec les dix sous qu'il avait gagnés dans l'auberge, lui fit une jolie journée.

J'insisterai peu sur ce qui se passa après, n'ayant qu'un goût médiocre pour la paille humide des cachots.

Je vois cependant, dans un petit salon de la marquise, un brillant officier fort empressé auprès d'elle. Il est minuit et tous les domestiques sont couchés. Il conjure... Que demande-t-il ? Je ne veux pas le soupçonner. — Plus tard ! plus tard ! a-t-on l'air de lui répondre. Eve se lève et retourne à son piano grand ouvert. Elle exige que le colonel se tienne debout auprès d'elle. Tiens! le grand duo des *Huguenots*. Elle chante et veut qu'il chante aussi. L'emportement de ce divin morceau les affole et leurs voix vibrantes d'amour en exhalent avec un frémissement superbe, les accents passionnés. L'art est venu à la rescousse de leur tendresse et l'enfièvre. Ils tombent dans les bras l'un de l'autre, mêlés dans un baiser furieux. Le colonel presse la taille de la jeune femme! Est-ce une illusion? Ils dansent, ils tournent, ils ont le vertige, et c'est sur un pas de valse qu'ils disparaissent derrière la vieille tapisserie qui sépare cette pièce de la chambre de Madame la marquise.

*
* *

La plus vulgaire discrétion nous interdit de les y suivre.

Nous les attendrons donc dans le petit salon maintenant désert où des roses effeuillées roulent sur le tapis parmi des partitions déchirées. Voilà près d'une demi-heure que la petite horloge de cuivre repoussé trouble, seule, de son balancement monotone, un silence plus monotone encore.

Mais quel fracas !

— Obéissez ! ou vous êtes mort !

C'est la voix du marquis, redevenue jeune et formidable par la colère, qui a dit ces mots.

Et la tapisserie se leva de nouveau et le marquis, tout de noir vêtu, tenant deux pistolets en joue, apparaît précédé de sa femme et de son coupable ami, dans une tenue d'une nocturne familiarité. Il leur fait signe de s'approcher du piano, sans interrompre un instant la double menace de son arme abaissée, puis il s'assied, toujours dans la même attitude, et d'un ton presque gracieux :

— Colonel, fait-il, vous avez une voix de ténor qui m'a paru charmante. Veuillez recommencer avec Madame et, pour moi cette fois, le duo que vous avez si bien chanté tout à l'heure.

Que faire ? Le colonel était brave et eût

mille fois préféré, pour lui-même, la mort à cette série d'humiliations. Mais sa mort c'était le scandale et la réputation de la marquise foulée aux pieds des manants. Peut-être, à force de soumission, désarmerait-il son bourreau, quitte à s'en venger plus tard ! Il

obéit, Eve s'étant machinalement remise au piano.

Ah ! mes amis, quel spectacle ! Ombre de Meyerbeer, voile-toi ! Quel Raoul et quelle Valentine ! Eve échevelée était belle encore dans le désordre de sa toilette et laissant des larmes de rage mouiller sa poitrine nue. Mais un homme en chemise est toujours parfaitement ridicule. Vrai, ce pauvre colonel en bannière était irrésistible. La perruche de la marquise en faillit perdre la rate. Le « Oui, tu l'as dit ! » fut particulièrement hilarant. Jamais profanation d'un chef-d'œuvre ne fut plus complète.

— Il me semble que vous étiez plus en voix tout à l'heure, dit simplement le marquis quand ils en arrivèrent, haletants, à la dernière mesure. Mais vous danserez bien aussi un peu, toujours pour moi ? — Obéissez, ou vous êtes mort. — Je regrette beaucoup de ne pas savoir de valse, mais je vous serai fort obligé d'exécuter une gavotte sur le petit air que je vais vous siffler.

Et, tandis que l'impitoyable vieillard rythmait, de ses lèvres fiévreuses et d'un souffle inégal, les cadences surannées d'une danse d'antan, on les vit, lui le malheureux colonel décidé à aller jusqu'au bout pour sauver sa complice, et elle, la splendide créature, obéissant comme une automate et sans volonté, esquisser, dans un frémissement de linge blanc, une série de pas grotesques.

*
* *

— Et maintenant, allez-vous-en ! Vous pouvez emmener cette femme, si bon vous semble, car je la chasse !

Tel fut l'arrêt qui suivit ce curieux divertissement.

Le marquis avait-il mesuré toute la rigueur de sa vengeance et l'infernale cruauté de sa fantaisie ? Je ne le sais pas. Mais le colonel et la marquise, condamnés à vivre de la même réprobation sociale, ne peuvent plus se regarder en face. De s'être vus ridicules, ils se sont devenus irrémissiblement odieux. Ce faux ménage est une succursale de l'enfer.

Mais leur juge n'est guère moins à plaindre qu'eux-mêmes. Plus morne, plus abandonné, plus désespéré qu'autrefois, il passe des journées entières à regarder le piano de la marquise, sifflottant mécaniquement et avec un air stupide la gavotte qu'il lui fit danser avec son amant, tandis qu'une larme pointe au coin de son œil gris sans avoir jamais la force de couler.

Cherche qui voudra ce qu'il y a dans cette larme !

LE BAL DES CANOTIERS

I

Cependant, entraînée par les détestables conseils de Mme de Saint-Honestat, la commandante Laripète avait positivement jeté tous ses bonnets par-dessus tous les moulins, si bien que son bonhomme d'époux dut prendre le rigoureux parti de faire régulariser, par la justice de son pays, une situation désormais intolérable. On plaida et, comme il est d'usage, ce fut l'innocent Laripète qui sortit parfaitement déshonoré du débat. Avec cette logique qui désigne, à l'avance, MM. les avocats à la vie politique, celui de sa femme l'accusa d'avoir été le mari complaisant d'une irréprochable épouse. Fort heureusement le fidèle Le Kelpudubec emmena le pauvre commandant à temps pour qu'il n'entendît pas tous les développements outrageants de cette ingénieuse thèse. Car, malgré sa légendaire patience, Laripète eût probablement sauté à la bavette de cet impudent porte-jupe et eût fort aggravé sa situation en lui administrant la plus légitime des roulées. Rendons à César ce qui est au ministère public. Celui-ci, tout en convenant que Laripète était un drôle de la pire espèce, le Marneffe de son temps et la honte de l'humanité, conclut à ce que sa demande fût favorablement accueillie. Le tribunal, soudainement réveillé par les formidables coups de poing qui accompagnaient la péroraison de cette harangue, abonda dans ce sens. Un jugement bourré des considérants les plus blessants pour notre ami lui rendit la liberté provisoire de son corps et de ses biens.

Quelques mois après, ses biens s'étaient accrus d'un fort joli héritage, celui de sa tante Pétronille de la Hupette, dame chanoinesse de Saint-Denis, et il avait disposé de son corps en faveur d'une fort agréable modiste de la Chaussée d'Antin, Mlle Jeanne Mouchencœur. Notez que c'était au temps où les modistes et les gantières de ce quartier vendaient encore des chapeaux et des gants.

II

Une vie nouvelle commença pour Laripète qui, sérieusement épris de cette jeunesse, sentit se développer en lui mille sentiments nouveaux, parmi lesquels la jalousie prit une place dominante. Bien que comblée de présents par lui, Mlle Mouchencœur s'en laissait volontiers conter par les godelureaux, ce que le commandant ne trouvait pas de son goût. Les surprises désagréables que lui avait déjà values sa curio-

sité à cet endroit ne l'avaient pas dégoûté
de la faire épier, et c'est par ces injurieux
moyens de police qu'il était arrivé à se
faire détester de sa maîtresse, mais non
pas à se guérir soi-même d'un indigne
amour. Il était bien décidé cependant à
rompre à la première occasion des liens
déshonorants pour sa grise chevelure,
quand il acquit la certitude que Jeanne,
après lui avoir raconté l'histoire touchante
d'une grand'mère à l'agonie, avait tout
simplement filé pour la fête de Saint-
Cloud, en compagnie du nommé Jacques.
S'étant immédiatement enquis des diffé-
rentes réjouissantes que comportait cette
solennité foraine, il conclut qu'il avait
toutes les chances du monde de la pincer en
flagrant délit d'infidélité au bal Markowski
dont, comme chacun le sait, la tente se
dresse, tous les ans, sous les ombrages de
la grande avenue, avec cette enseigne
invariable : *Bal des Canotiers*. Le Kelpudubec, à qui il fit la confidence de son projet,
l'approuva absolument, mais l'engagea à
se déguiser lui-même en loup de rivière

pour n'être pas remarqué. L'amiral poussa la complaisance jusqu'à accompagner son ami au *Petit Matelot*. Laripète en sortit avec une vareuse en molleton, dont les boutons dorés portaient des ancres, une casquette de toile blanche avec une longue visière, un pantalon de gros treillis s'enfouissant dans de larges bottes. Son vieux camarade ajouta à cet accoutrement nautique une longue-vue qu'il lui passa derrière les reins avec une bretelle en bandouillière, un petit vocabulaire de mots techniques et de jurons spéciaux qu'il lui glissa dans sa poche, et un porte-voix avec lequel il fut convenu qu'il l'appellerait à la rescousse en cas d'alerte.

Ainsi accommodé à la marinière, Laripète fit sensation sur la plage de Boulogne et fut salué sur son passage d'un unanime et intermittent : Ohé ! du canot ! auquel, suivant les instructions de l'amiral, il

répondait par un vigoureux : Mille sabords !
ou bien : Nom d'une drisse ! Mais ce fut
son entrée chez Markowski qui fit sensation.
Dans ce fameux bal des canotiers, tors
lui-même, tout le monde était en jaquette
noire et en petit chapeau. Ainsi toutes les
précautions qu'il avait prises pour se dissi-
muler dans la foule ne servaient qu'à le
désigner à l'attention de tous ! Pendant
qu'il commençait ses recherches au bastrin-
gue, Le Kelpudubec, également muni
d'un porte-voix, battait le parc.

III

La première personne qui aperçut le
commandant et qui ne put retenir un petit
cri en le reconnaissant, ce fut la commandante. Quoi ! Mme Laripète était là ? Oui,
mes petits jobards ! Elle était là en personne naturelle et en compagnie d'un assez
vilain moineau, l'ex-commissaire de police
Petconstat, devenu son confident, son
ami et son conseil. Car il faut vous dire
qu'en apprenant la petite fortune échue à

son mari, Mme Laripète avait vivement regretté d'en être séparée. Elle avait bien demandé, à ce propos, une formidable augmentation de sa pension, mais le tribunal, qui n'avait pas été réveillé à temps, cette fois-là, par les coups de poing d'un substitut sans vigueur, ne lui avait accordé que 33 fr. 33 c. de plus par an. Aussi ce qu'elle rageait de ne pouvoir se remettre avec son légitime ! — Patience ! lui disait souvent Petconstat, nous y arriverons. — Silence ! lui dit-il cette fois-là, et cachez-vous ! J'observe. Elle se dissimula donc, tandis que son associé se recueillait comme un homme qui dresse un plan de campagne.

Tout à coup l'olifant de Le Kelpudubec sonna dans le bois.

C'était le signal convenu, et, au même instant, Mlle Mouchencœur faisait son entrée à travers les quadrilles au bras du jouvenceau qu'elle aimait. En même temps, M. Petconstat, ayant mis en lieu sûr Mme Laripète, sortait furtivement du bal.

Quel malin que ce Petconstat! Dix minutes après, ayant reconnu, sous les arbres,
le joueur d'olifant, il faisait jaser cet imbécile et ce bavard de Le Kelpudubec qui
le mettait, sans s'en douter, au courant de
la situation. Et, durant ce dialogue, en proie
aux tortures les plus cruelles, l'infortuné
Laripète, n'osant se montrer aux amoureux,
et mélancoliquement assis sous un pan de
toile, suivait désespérément, avec sa longue vue, les étreintes rythmiques dont une
valse de Métra enveloppait Jeanne et son
rival. Tel, à la proue de son navire, le
capitaine poursuit encore des yeux la rive
fuyante où son bonheur est resté !

Cependant les danseurs plus nombreux
obscurcissaient, dans un véritable tohu-
bohu, le point de vue auquel s'obstinait
amèrement sa lorgnette. Lancés dans le
mélodieux tourbillon, les couples se heur-
taient comme autant de toupies hollan-
daises. Celui qu'il s'acharnait à suivre du
regard disparut.

Quelques instants après, l'olifant de Le
Kelpudubec sonnait une seconde fois.

C'était un nouveau signal. Laripète sortit.

— Ils sont partis ? demanda-t-il sourdement à l'amiral.

— Par là ! lui répondit celui-ci, en lui désignant du doigt un chemin perdu dans l'ombre.

Laripète prit ce chemin.

IV

— Voilà ce qu'une jolie dame, en robe mauve, en chapeau rose et avec des bas de soie bleus m'a chargé de vous remettre.

— Tiens, voilà vingt sous pour ta peine; va-t'en.

Et Laripète, très ému, le cœur bondissant, se précipita sous un bec de gaz pour lire le billet qu'un affreux voyou venait de lui remettre. Car ce billet était certainement de Jeanne. Il l'avait parfaitement reconnue à la description de sa toilette. Heureusement ! car, tracées au crayon et d'une main peu sûre, elles étaient trop illisibles pour qu'on en reconnût l'écriture, les lignes suivantes et non signées :

« Ne me condamnez pas sans m'entendre. Mais venez me rejoindre à l'hôtel de la Tête-Noire, où je vous attends, chambre n° 17. Je vous dirai tout. J'étais poursuivie, je me suis échappée. Ne faites pas de bruit. N'allumez pas de lumière... Je vous aime...

—Pauvre enfant! pensa le bon Laripète. Qui sait? Cet homme était peut-être un parent de province qu'elle était forcée de ménager... Un parent ayant des droits sur elle!... Un parent? Qui sait! peut-être un mari! Car, qui me dit qu'elle n'est pas mariée? On en voit, tous les jours, de ces pauvres filles que leurs parents unissent, dans les départements, à des butors incapables de les comprendre. Cet animal avait, au fond, l'air féroce, et quand il la pressait sur lui, pendant la valse, c'était comme pour l'étouffer. Mais je la sauverai, je la délivrerai de ce monstre. Elle m'aime! elle m'attend!

Et, ce rêve d'amour, sorti d'une abominable souffrance, ayant brisé ses forces, ses jambes se dérobant sous lui, le miséricordieux Laripète s'affaissa lourdement pour s'asseoir; mais il se laissa tomber sur son porte-voix mal pendu à sa ceinture et qui lui entra dans le derrière en poussant un sourd gémissement.

Quelques instants après, le commandant pénétrait mystérieusement et à tâtons dans la chambre n° 17 de l'hôtel de la Tête-Noire. Une femme se précipitait dans ses bras. Il la pressait dans les siens. Je ne dirai pas leur mutuelle ivresse. Non, curieux que vous êtes, je ne la dirai pas! Me prenez-vous pour un conteur de gaudrioles et n'avez-vous pas encore saisi la philosophie profonde qui se dégage de ces menus récits? Sachez seulement que, vers minuit, un grand bruit retentit dans l'hôtel. La compagne de Laripète se précipita vers la porte et l'ouvrit brusquesment, l'infâme Petconstat apparut, suivi de tous les domestiques et de tous les voyageurs portant des lumières, et il fut constaté solennellement, devant cinquante témoins, que M. Laripète venait de se réconcilier avec... sa femme! Car, ignorants que vous êtes, autant que curieux, apprenez qu'un seul tête-à-tête de ce genre entre deux époux séparés fait tomber le jugement qui les avait désunis! Au même instant, l'olifant de Le Kelpudubec sonnait une troisième fois sous les ramées obscures. Encore un signal! Il annonçait au commandant le départ de Mlle Mouchencœur et de son amant pour la gare de Saint-Lazare.

Et voilà comment la destinée ne souffrit pas que Laripète fût longtemps éloigné de celle qui l'avait si longtemps et si constamment trompé. Dites donc, après cela, qu'une providence ne veille pas sur les maris !

AMOUR ET STATISTIQUE

I

E lisais il y a quelques jours dans le *Times* la nouvelle suivante que je vous traduis, comptant sur votre prodigieuse ignorance pour ne pas la comprendre dans l'original : « C'est samedi qu'a commencé le recensement nocturne, c'est-à-dire le relevé de la population *couchée...* »

— Hum ! fis-je, voilà une indiscrète opération. Et je continuai : « Ce mode de dénombrement est d'ailleurs parfaitement absurde et ne fournit à la statistique qu'un élément ridicule. Ainsi, lors du recensement de 1861, on trouva que le quartier de la Cité comprenait 112,063 ronfleurs, et, en 1871, on n'en trouva plus que 74,732. Or, tout le monde sait que la population a été en augmentant... »

— Voilà, continuai-je en me parlant à moi-même, un résultat fort singulier, en effet. Il est invraisemblable que 37,331 maris — car ce chiffre ferait la différence — aient découché juste le jour ou, mieux, la nuit de la seconde opération...

A ce moment, le facteur m'apporta une lettre et j'avoue que je ne fus pas fâché de cette diversion, car j'ai horreur des chiffres. Je ne sais pas si, comme on le prétend, ce sont les Arabes qui les ont inventés; mais cela seul suffirait pour que je souhaite qu'on les châtie vigoureusement. Car c'est au moyen de ces petites pattes de mouches-là que les créanciers formulent leurs prétentions à tout bout de champ. Ah! s'ils étaient obligés de recourir à la simple écriture pour nous présenter le menu de leurs déprédations, on les verrait moins prodigues de factures! on pourrait contester sur les mots illisibles! Tandis qu'avec des chiffres ils vous assassinent le plus commodément du monde et en moins de temps qu'il ne vous en faut pour gagner l'argent que vous leur devez!

Cette malédiction lancée à la numération écrite qu'on apprend sottement, dans l'arithmétique des Ecoles, aux fils des tailleurs, des bottiers, des chapeliers et autres fabricants de notes et souffleurs de comptes, j'ouvris l'épître qui m'arrivait. Elle était de mon ami Jacques!

Puisque vous le connaissez aussi bien que moi, je n'ai aucune raison pour vous en cacher le contenu. Donc, la voici:

II

« Je suis à Londres depuis huit jours, mon cher ami; j'y suis venu chercher ma sœur Merline, qui vient de passer un mois chez les Burck, nos amis, et dont l'absence commençait à se faire longue pour moi. Peut-être y resterai-je huit jours encore; car je ne m'y ennuie pas, comme tu en pourras juger, bien que certaine mode du pays m'ait fait passer une nuit toute pleine d'émotions inégalement agréables. Vieille carpe que tu es, sais-tu seulement ce que c'est que le recensement nocturne... »

— Halte-là, Monsieur Jacques! Sur ce sujet, j'en sais autant que vous!

Je poursuis ma lecture :

« Le logement des Burck ne comportant pas une seconde chambre d'ami pour moi, ils m'adressèrent, pour me loger, à une de leurs connaissances, au Révérend Bob Echton, l'inventeur de l'édredon *ipsogénère*, une des belles découvertes de l'époque. Cet ingénieux Bob Echton, ayant remarqué que, dans la fabrication des édredons, c'est la main-d'œuvre et non la matière qui coûte fort cher, imagina une pommade dont il suffit d'enduire le cou et la poitrine des oies pour que, prises de furieuses démangeaisons, ces bêtes s'arrachent elles-mêmes toutes les petites plumes dont l'extraction par les doigts humains est rémunérée au poids de l'or. Le seul inconvénient de cette méthode, c'est que, lorsqu'on mange ensuite les oies soumises à ce traitement, on contracte soi-même un effroyable besoin de se gratter et même de s'épiler. C'est à l'abus de leur viande, sans doute, qu'il faut attribuer le nombre considérable de personnes chauves qu'on rencontre à Londres aujourd'hui. Mais tout ceci n'est qu'une ample parenthèse. La vraie raison d'être de ce Bob Echton est tout entière dans sa femme, une délicieuse Viennoise dont l'harmonieuse et grisante personne est pareille à une valse vivante, pleine d'enlacements mystérieux et de sensuelles langueurs. Comme homme et comme inventeur, j'ose dire que Bob Echton pourrait disparaître sans le moindre inconvénient; mais comme mari. .

— Ah! Merline! pensai-je. Vertueuse Merline, vous aviez bien besoin de laisser

venir Jacques à Londres pour vous y
chercher.

III

Je reprends ma lettre quelques lignes
plus loin, pour éviter de vous commu-
niquer une idée immorale de mon ami
Jacques à l'endroit de l'honneur conjugal

« Or, il advint qu'hier, M. Bob Echton
prévint sa femme, après le dîner, qu'il lui
fallait s'absenter la nuit même. C'était,
dit-il, pour une commande d'édredons
faite par un souverain étranger et qui ne
souffrait aucun retard. Il mentait par la
gorge, comme vous le verrez tout à
l'heure. Mais Edith (c'est le nom de sa
femme) et moi, nous ressentîmes trop de
joie de cette nouvelle pour penser un seul
instant à approfondir la vraisemblance
de son récit.

— Vous m'attendrez à une heure chez
mon amie Arabelle que je fais prévenir.
Car ici je suis trop surveillée par mon
nombreux domestique, tandis que je puis

facilement m'échapper sans que personne s'en aperçoive.

Ainsi parla la vertueuse Edith, et ce langage me rendit le plus heureux homme du monde.

Un petit embarras, cependant, se dressait devant mon bonheur.

Ne prévoyant pas cette bonne fortune, j'avais donné rendez-vous, pour minuit, à une fort jolie danseuse du théâtre Adelphi.

Eh bien quoi ? Et après ? Ces deux engagements ne se contredisaient pas. Une heure entière les séparait l'un de l'autre, et miss Jacona, ma danseuse, demeurait à deux milles à peine de miss Arabelle. Les deux choses se pouvaient faire parfaitement.

Et voilà comment, à onze heures trois quarts, sûr du départ de Bob Echton, j'entraînais à mon bras, par la porte des artistes, une délicieuse ballerine qui me faisait porter un bouquet plus gros qu'elle.

Nous n'étions pas rentrés depuis un quart d'heure, et j'étais en train d'aider cette aimable fille à se démaquiller, poétique occupation que je recommande aux amoureux des personnes de théâtre, quand on frappa à la porte d'entrée de la maison et quand s'engagèrent des pourparlers auxquels je prêtai d'abord une médiocre attention. Je compris seulement qu'on ouvrait aux visiteurs. Puis ce fut à notre porte même qu'on heurta.

— Qui vient ici à pareille heure ? demanda ma belle amie.

— Service du recensement. Ouvrez !

— Ah ! mon Dieu !

Il fallut bien ouvrir.

— Juste ciel ! M. Bob Echton ! Et les édredons du prince étranger ?

— Une simple frime ! On m'avait nommé recenseur, et comme, tous les dix ans, les malheureux chargés de cette besogne et que le sort désigne aux ennuis de cette corvée, sont l'objet de plaisanteries du plus mauvais goût et de caricatures tout à fait déplaisantes, je me suis bien gardé de m'en vanter. C'est une mauvaise chance de tomber sur des personnes qu'on connaît ; mais vous me garderez le secret, Jacques, n'est-ce pas ?

— Certainement !

— Je suis obligé de vous compter comme habitant ici. C'est la règle.

— Je n'y vois, Monsieur Bob Echton, aucun inconvénient. Mais, vous aussi, vous me garderez le secret.

— Vous le pouvez croire. Si ma femme se doutait que vous courez le guilledou la nuit, j'en verrais de belles ! Elle m'a si bien recommandé de veiller sur vous !

Et M. Bob Echton partit en riant.

— Bonsoir, ma mignonne.

— Déjà, Jacques ?

— Oui, mon trésor. Tu vois que mon propriétaire a l'œil sur moi et qu'il ne ferait pas bon découcher.

IV

Une demi-heure après, j'étais chez miss Arabelle, où j'arrivais le premier. Elle m'attendait, prévenue par Edith.

— Pan ! pan !

La voici, sans doute. J'accourais au-devant d'elle.

— Pourquoi êtes-vous en retard, mé-chant ?

Ces mots s'adressaient à un monsieur enveloppé dans un immense cache-nez.

— Le recenseur, dit une voix qui sor-tait, en se déguisant, d'un foulard montant jusqu'aux oreilles.

Mais j'avais reconnu le reste du vête-ment, la tournure et la taille. Encore ce maudit Bob Echton !

Il fit un soubresaut en m'apercevant.

— Ne me dénoncez pas, me dit-il tout bas. Je suis chez une amie de ma femme. Si elle me reconnaissait !...

— Soyez tranquille. Mais partez vite.

— J'en demande pardon à miss, mais je suis obligé, Monsieur, de vous compter comme habitant ici, c'est la règle, reprit-il à haute voix.

— Et de deux ! pensai-je, pendant que miss Arabelle faisait la grimace. Mais pourvu que sa femme n'arrive pas !

Je le reconduisais dans l'escalier.

— Heureux gaillard ! me fit-il. Miss Arabelle est encore charmante... Mais comment ? tout à l'heure déjà c'était vous ?... l'autre aussi était ravissante ! Petit pacha ! Ah ! mon Dieu, si ma pauvre Edith savait ça !

Pan ! pan !

— Au nom du ciel, cachez-vous ! lui dis-je.

— Mais où ?

— Là, dans cette soupente !

Et je le poussai dans le premier trou venu.

— Merci, me fit-il.

— Pan ! pan ! c'est moi.

Il fallait bien ouvrir la porte.

V

— Malheureuse ! dis-je à Edith, votre mari est ici ! S'il a entendu votre voix, nous sommes perdus !

— Perdus ! allons donc ! Ah ! mon gredin de mari est ici ! exclama-t-elle de sa

voix la plus forte. Et où est ce chenapan,
s'il vous plaît ?

Je ne comprenais pas, mais j'étais dominé
par l'audace de ce parti-pris.

— Là, dis-je en lui montrant la soupente.

— Sortez ! Monsieur, sortez !

Le pauvre Bob Echton, effroyablement
interloqué, se montra tout tremblant.

— Eh bien ! voilà du propre ! continua
Edith. Ah ! misérable Arabelle !

— Ma chère femme, je te jure que tu te
trompes. Demande plutôt à Jacques.

— Jacques ! votre complice ! Comment
en douterais-je, puisqu'il est avec vous !
Une partie carrée, sans doute. Mais j'étais
avertie. Je savais que vous mentiez avec
votre prince étranger. Je sais même ce que
vous allez me dire. Tenez, parions que
vous allez me dire que vous êtes recenseur !

— Eh bien ! puisque tu le sais...

— Ça n'est pas vrai !

— Comment, ça n'est pas vrai ! Voici
ma commission.

— Ah ! vraiment. Eh bien ! l'avez-vous

regardée, votre commission ? Lisez-la donc un peu avec soin.

Bob Echton, attéré, s'approcha de la lumière. Tout à coup sa figure prit une expression d'ahurissement absolu :

— Ah ! mon Dieu ! le cachet de la mairie, les signatures, tout est fait à la main. C'est une farce, une odieuse farce qu'on m'a faite !

— Dites : que je me suis faite ! Car je ne suis pas votre dupe.

Le pauvre homme restait confondu.

— Comment avez-vous su ? demandai-je tout bas à Edith.

— Par l'auteur même de cette mauvaise plaisanterie, M. Burck qui, pris de remords, est venu m'en avertir, espérant que M. Bob Echton ne serait pas encore parti. Il paraît même que l'idée vient de votre sœur Merline.

— Rentrez à la maison et ne recommencez plus, dit plus doucement milady Bob Echton à son mari. Et vous, Jacques, suivez-nous.

.   .   .   .

Eh bien, pensai-je, arrêtant là la lecture de la lettre de mon ami Jacques, si Bob Echton n'eût pas été un faux recenseur, il aurait encore dû compter Jacques comme habitant de sa propre maison. Ce qui fait que, dans la même nuit, celui-ci aurait figuré trois fois dans la population de Londres.

Voilà qui m'explique suffisamment les surprises que le recensement nocturne réserve aux statisticiens !

UN CHOIX DIFFICILE

I

H! mon cher Moulinot, quelle corvée Mme Laripète m'a jetée sur les épaules en me faisant accepter les fonctions de maire de Bouzinville-les-Canettes! Avoir pris sa retraite pour vivre tranquille, être venu s'installer dans un bourg ignoré des géographes eux-mêmes pour y vivre plus tranquille encore, et retrouver là le fardeau des fonctions publiques, la responsabilité quasi-ministérielle, l'ennui des honneurs, tout ce que j'avais fui, en un mot, en rendant prématurément mon épée, c'est fou! archi-fou! scandaleusement fou! Mais Olympe a le goût des grandeurs et des hommages. Elle était Mme la commandante. Il lui faut être Mme la mairesse! On voit bien que ce n'est pas elle qui marie et qui fait les discours!

— Trois cent cinquante-sept habitants ne doivent pas vous donner grand mal.

— Trois cent soixante-trois d'abord. Depuis la dernière statistique, j'ai compté huit nouveaux nés et deux décès. S'ils ne s'arrangent pas pour mieux équilibrer les naissances avec les morts, nous finirons par être encombrés et ce sera ici une vraie pétaudière. Mais je n'ai jamais vu une race plus désordonnée que celle de ce canton. Ils ne savent jamais ce qu'ils font. On voit bien que ce n'est pas eux qui tiennent les

registres de l'état civil ! Et puis, révolutionnaires en diable, révolutionnaires et jaloux.
Vous ne savez peut-être pas pourquoi je
vous ai prié de venir passer quinze jours ici
avec nous à la campagne ?

— Mais parce que vous aviez envie de
me voir, commandant.

— Pas du tout. C'est une idée de ma
femme relative au choix de la rosière.

— Je serai chargé d'essayer....

— Pas de sottises, Monsieur ; d'essayer,
non — mais d'éprouver.

— Je ne saisis pas la nuance.

— Je vais vous la faire toucher au
doigt.

— La rosière ?

— Non, Jacques, la nuance, mais il
faudra, pour cela, que vous preniez la
peine de m'écouter.

II

Et l'excellent Laripète continua ainsi :

— Il y a à trois lieues d'ici un satané
village qui s'appelle Champignol-en-Vexin

et dont la population est à peu près égale
à celle de Bouzinville-les-Canettes. De là
une rivalité que je ne saurais comparer
qu'à celle qui sépara jadis
les habitants d'Albe de ceux
de Rome. Les bourgeois
de Champignol ayant ima-
giné, l'an passé, d'instituer
une rosière à l'instar de
celle de Nanterre, les naturels de Bouzinville m'ont
immédiatement mis en de-
meure d'en choisir une cette
année.

— Et vous ne trouvez
pas ?...

— Je ne trouve que trop.
Ici toutes les filles sont sages.

— Par exemple !

— Je conçois votre indignation, Jacques, mais c'est comme ça. Imaginez une
bergerie sans loups, comme celles de
Mme Deshoulières.

— Et c'est comme loup que vous
m'avez fait venir ?

— Oui, mon ami, mais avec défense de dévorer. Vous montrerez seulement les dents.

— Ça sera bien amusant pour moi !

— Mon cher Jacques, ma femme avait certainement raison quand elle m'a dit: Vertu non éprouvée ne dit rien qui vaille ; c'est au feu seul que s'essayent les vases solides. Faisons venir Jacques pour chauffer un peu tout ça.

—Excellente commandante !

— Oui, mais, moi, j'ai raison aussi en ne permettant pas que vous démoralisiez une population tout entière dont la vertu m'est confiée. Vous voudrez donc bien remplir vos délicates fonctions avec autant de tact que de retenue. Quand vous serez certain du triomphe, vous reculerez comme un général qui se ménage et vous m'adresserez votre petit rapport. En restreignant les conditions du concours aux jeunes personnes qui ont plus de vingt ans et moins de vingt-cinq, j'en ai compté douze qui sont dans les conditions requises, et entre lesquelles doit se décider mon choix.

En voici la liste. Entrez en campagne, mais donnez-moi votre parole de ne pas tromper ma confiance en dépassant le but.

— Commandant, je vous la donne.

— Et maintenant, mon cher garçon, allons dîner. J'ai recommandé à Olympe de bannir de votre ordinaire tous les excitants, afin de laisser une lucidité entière à votre esprit. J'ai fait mettre des nénuphars dans votre cuvette et du camphre dans votre lit. Ça préservera vos draps des vers et vous des mauvaises pensées.

III

Et pendant que Jacques poursuivait sa périlleuse expédition, le commandant Laripète se mit à composer, par avance, son discours de couronnement. J'en signalerai le passage suivant, qui est vraiment d'une aimable littérature:

« J'ai la ferme confiance, Messieurs et

chers administrés, qu'en récompensant publiquement la vertu de la jeune fille dans ce qu'elle a de plus intime et de plus précieux, j'inspirerai au plus grand nombre le désir de persévérer dans une voie qui est celle des voluptés innocentes. Bouzinville la Virginale ! Voilà le nom glorieux que j'ambitionne pour notre belle cité. Je lui voudrais voir pour emblème des lys becquetés par des colombes. Je voudrais que dans cent ans ce ne fût plus une rosière, mais des générations entières de rosières... »

— Mon ami, vous dites là une bêtise grosse comme vous, interrompit la commandante, à qui Laripète lisait son morceau d'éloquence.

— Je le regrette, ma mie. Car l'idée était neuve et tout à fait poétique. Ecoutez seulement encore ma peroraison :

« En gardant le plus longtemps possible ce trésor inestimable, mes chers enfants, songez à vos maires...

— Encore une bêtise, Onésime !

— Maires avec *M*, *A*, *I*. Comprenez-vous maintenant? Je poursuis: « A vos maires qu'il ne faut pas surcharger de travaux par des excès de population incompatibles avec une administration correcte. Attendez, pour vous marier, que quelqu'un soit décédé dans votre famille, afin d'y prendre une place occupée déjà et méfiez-vous des jumeaux, qui presque toujours, comme Romulus et Rémus, vivent dans une détestable intelligence. Avec de pareilles précautions, vous assurerez le bonheur et la paix de votre premier magistrat municipal, qui fera de son mieux, de son côté, pour assurer les vôtres. »

Je crois que c'est tapé !

Et le bon Laripète se frotta bruyamment les mains.

IV

— Eh bien, Jacques ?

— Eh bien, commandant, j'entreprends demain la douzième.

— Quel résultat jusqu'ici ?

— Le même pour toutes.

— Toutes ont résisté ? J'en étais sûr.

— Non. C'est moi qui ai résisté à toutes. Mais toutes m'ont donné un rendez-vous pour le lendemain du couronnement. Ce jour-là, je l'espère, je recouvrerai ma liberté.

— Oui, mais j'aurai soin de vous faire filer du pays le jour même de la cérémonie.

— Bien obligé.

—C'est dans votre intérêt, mon cher enfant. Allons ! quelle est la douzième ?

— C'est vous-même qui l'avez placée ainsi sur la liste, Mlle Rose-Célestine Bayard.

— Oh ! celle-là, j'en réponds ! Un dragon de vertu, sans peur et sans reproche, comme le chevalier chrétien dont elle porte le nom. Avec elle, mon ami Jacques, vous en serez pour vos frais! Allez !

Et Jacques partit en haussant légère-

ment les épaules avec un petit air de fatuité tout à fait impertinent.

Quand il revint, le soir, à l'heure du dîner :

— Eh bien, mon gaillard, celle-là ne vous a pas donné rendez-vous pour le lendemain ?

— En effet, mon commandant.

— Je tiens donc enfin ma rosière, une rosière inexpugnable, une rosière bon teint, une sœur cadette de Jeanne d'Arc et qui sera l'orgueil de Bouzinville-les-Canettes!

Et Laripète, enfin sûr de caser son discours, sautait de joie comme un enfant.

V

Le fait est qu'il le casa. Car la cérémonie fut brillante et c'est avec un air de modestie dont tout le monde fut ému que Mlle Rose-Célestine Bayard vint recueillir la couronne due à sa haute vertu. Laripète l'embrassa en pleurant, et la commandante la regarda comme une bête curieuse, ce qui était peut-être encore plus flatteur au fond.

Après le dîner qui succéda à un petit bal en plein vent et à une superbe partie de cache-cache, Laripète, se rappelant les exploits médités par Jacques pour le lendemain, reconduisit lui-même celui-ci à la patache qui devait le mener jusqu'à la station voisine. La résignation extraordinaire de Jacques étonna le commandant, qui crut devoir lui en adresser son compliment.

— Je n'y ai pas grand mérite, dit Jacques, j'ai eu ce que je voulais.

— Comment, malheureux !

— Oh ! pas avec vos onze mijaurées. Mieux que cela ! Avec l'autre !

— Avec Célestine Bayard ! avec la rosière ! Mais ne m'avais-tu pas dit qu'elle t'avait refusé tout rendez-vous ?

— Pour demain, oui. Mais, plus pressée que les autres, elle m'en avait donné un pour aujourd'hui même. Au revoir, commandant !

Et la patache roula dans la poussière, avec un grand claquement de fouet et un grand bruit de jurons. Laripète était positivement atterré. Après avoir mûrement

réfléchi, il résolut de garder pour lui la
confidence de Jacques, afin de ne pas endos-
ser sa part dans le ridicule de cette affaire.
Rose-Célestine Bayard ne se vit pas reprendre la parure si peu méritée. Ce fut elle qui,
en accouchant neuf mois après d'une petite
fille, commença la génération de rosières
prédite par le commandant.

VIE INNOCENTE

I

L y a des noms qui, comme l'a judicieusement fait observer un des maîtres de l'ancienne langue contemporaine, sont de véritables professions de foi, tant ils semblent contenir en eux le secret d'une destinée. M. Van Duflan s'appelait devant l'Eglise et devant l'état civil: Oreste. N'en conclus pas trop vite, lecteur béné-

vole et malin, qu'il devait, un jour, pour
venger un père oublié, plonger un couteau
dans le sein d'une mère coupable, afin
d'inspirer aux Leconte de Lisle de l'avenir
une admirable tragédie. Non. L'aspect
débonnaire de M. Van Duflan protestait
contre ce pronostic sanguinaire. Il s'appelait
vraisemblablement Oreste, parce qu'il devait
rencontrer, dans la vie, un autre monsieur
nommé Pylade à qui devait l'unir une
éternelle amitié. Pylade Baladens avait été,
en effet, son camarade à l'Université de
Liége, et des rives de la Meuse à celles
de l'Escaut, leur fraternelle affection était
renommée. Jamais l'un sans l'autre : vous
parliez à celui-ci et c'est celui-là qui vous
répondait. Tout en commun : vous emprun-
tiez de l'argent à Oreste et c'est Pylade
qui vous poursuivait en remboursement.
Doués l'un et l'autre d'une notable fortune,
ils aimaient à obliger leurs contemporains
pour leur faire ensuite des frais. Aimables
natures! Au physique seulement ils ne se
ressemblaient pas. Oreste était infiniment
plus laid que Pylade, qui, cependant, n'était

pas déjà fort beau. Cette absence de charmes extérieurs ne les avait empêchés ni l'un ni l'autre, d'ailleurs, de se bien marier. Ils avaient épousé, le même jour, devant le même bourgmestre et aux pieds du même autel, deux amies de pension dont l'intimité était également proverbiale. Malvina et Céleste s'aimaient, en effet, comme deux sœurs. La première, brune, et portant dans les veines un peu de ce sang méridional que laissa dans les Flandres l'occupation espagnole; la seconde, blonde comme un Rubens, avec une belle carnation fouettée de rose. Au demeurant, charmantes toutes les deux et appétissantes à l'envi. Quand elles furent Madame Malvina Van Duflan et Madame Céleste Baladens, un double trait d'union se posa entre les deux ménages, un double lien se resserra. Ils se logèrent tout près l'un de l'autre et commencèrent de mener une existence rappelant les douces voluptés de l'âge d'or.

II

Rien de plus touchant que les attentions réciproques d'Oreste pour Pylade et de Pylade pour Oreste, que les procédés charmants de Malvina pour Céleste et de Céleste pour Malvina. Les deux hommes avaient pris un cabinet d'affaires en commun. Ils en étaient venus à ce point de délicatesse de se disputer les débiteurs insolvables et les créances irrécouvrables. O les angéliques fesse-mathieux ! Et ces dames donc ! Appartenant toutes deux à la même association charitable, c'était à qui des deux volerait un peu les pauvres pour faire un cadeau à son amie, une surprise à sa collègue. O les délicieuses philanthropes ! Un jour Pylade ayant fait un petit faux de rien pour se faire payer quelque argent qu'on ne lui devait pas, Oreste prit à son compte cette peccadille devant le tribunal et se fit généreusement offrir, par un président qui s'en fichait pas mal, l'amende et la prison dues à son associé. Une autre fois, Malvina ayant imprudemment fourni à des indigents qui ne savaient pas lire des correspondances d'omnibus pour des bons de viande, ce fut Céleste qui, à l'assemblée générale suivante, expliqua, dans une éloquente plaidoirie, comment elle seule était responsable de cette distraction. Tout était à l'avenant de ces deux traits admirables. C'était, entre les deux maisons voisines, un échange continuel de fleurs, de plats sucrés et de sourires. On ne mangeait rien dans l'une dont on ne goûtât dans l'autre. On se repassait les bains avant qu'ils aient eu le temps de refroidir. Tout le monde enviait à ces deux couples heureux cette fraternité complète, cette communauté entière de sentiments et de plaisirs. Le même rayonnement paisible et doux semblait se dégager de ces quatre consciences égales et pures.

Ce fut donc pour Oreste une surprise particulièrement désagréable de découvrir, un beau matin, d'une irréfutable manière, que son ami Pylade le faisait outrageusement cocu.

III

Une lettre oubliée sur un meuble l'avait mis au courant de ce détail.

Ah ! son premier mouvement fut terrible ! Il emplit de cartouches un révolver pour aller brûler incontinent la cervelle aux deux infâmes. Mais la réflexion lui vint vite, et,

avec la réflexion, l'horreur de massacrer un ami comme Pylade et une femme comme Malvina. Et puis, que deviendrait le cabinet d'affaires ? Il se calma donc et résolut même de ne provoquer, de la part des coupables, aucune explication pouvant aboutir à une violence. Ce n'était pas un étourneau ni un salpêtre que ce M. Van Duflan. Après une heure ou deux de méditations amères mais prudentes, au lieu du révolver, il prit tout simplement son chapeau et s'en fut machinalement, comme à l'ordinaire, chez M. Baladens. Il y trouva Céleste toute seule, fort mélancolique aussi. Un rapide échange de pensées se fit entre ces deux belles âmes et le même secret s'en exhala ; car, elle aussi, Céleste, venait de découvrir la vérité. Mais elle non plus n'avait rien voulu rompre, après une de ces enfantines colères qu'une rosée de larmes éteint.

— Ah ! soupirait Oreste, être trompé n'est rien ou, du moins, est chose commune... Mais l'être par son ami le plus cher !

— Ah ! répondait Céleste, tous les maris sont, paraît-il, infidèles... mais avoir pour rivale celle que j'appelais ma sœur !

— Plût au ciel que ce fut un autre qu'elle aimât ! continuait celle-ci.

— Que n'a-t-il pris pour maîtresse une autre ! continuait celle-ci.

— En voilà un dont je me vengerais avec joie !

—En voilà une à qui j'arracherais les yeux!

Ils s'arrêtèrent, tout à coup, dans leur lamentation alternée comme celles des chœurs antiques, en se posant en même temps le doigt sur le front, comme font les gens devant l'esprit de qui se dessine une idée et se définit un plan.

— Il faut qu'elle ait un autre amant!

— Il faut qu'il ait une autre maîtresse!

Et ils se serrèrent la main en silence avec un geste de conspirateurs.

IV

— Ma chère Malvina, M. Jacques Moulinot, un jeune Français que sa mère m'adresse pour lui apprendre le maniement de l'usure et qui logera à la maison.

Ainsi parla le bon M. Van Duflan à sa femme en lui présentant l'ami Jacques. Et quelques jours après, Mᵐᵉ Baladens, faisant le jeu de son complice, disait à son amie : « As-tu remarqué comme ce M. Moulinot est joli garçon ? Il a vraiment des yeux irrésistibles. Et quel esprit !... Tu sais qu'il a l'air amoureux de toi?... J'aime mieux cela... car moi je crois bien que je ferais vite une sottise s'il m'y engageait de trop près... »

Ainsi parlait-on chez les Van Duflan.

Voici maintenant ce qui se disait chez les Baladens :

— Mon ami, mon cher époux, que je vous remercie de m'avoir donné cette dame de compagnie anglaise ! C'est d'ailleurs une personne tout à fait distinguée, que cette miss Levrett. Elle a vraiment de grandes façons et elle est en train de composer une Bible alphabétique dans le genre de la *Cuisinière bourgeoise*, qui, paraît-il, est attendue avec une grande anxiété de l'autre côté de la Manche. En même temps, M. Van Duflan, suivant les conventions faites avec Céleste, ne perdait pas une occasion de dire à Pylade : « As-tu fait attention aux bras de miss Levrett? Ils sont d'une beauté!.. Sa tête est vraiment charmante et pleine de caractère... Son corsage me paraît fort bien meublé. Je la regardais hier encore assise sur un pliant... Oh! oh! oh! Ah!

mon cher Baladens, si j'avais une femme comme ça chez moi, je crois que la pauvre Malvina en verrait de dures!... D'autant que miss Levrett te fait en dessous, gros naïf, un tas d'agaceries. »

Ces manéges-là réussissent toujours.

Cependant Jacques faillit brouiller tout le complot en adressant tout d'abord ses hommages à la vertueuse Céleste, dont les opulences de chair le grisaient jusqu'aux moëlles. Mais une simple gifle suffit à le ramener au sentiment des convenances et de la réalité.

Le rêve du clément Van Duflan et de l'incorruptible Mme Baladens s'accomplissait. M. Baladens avait délaissé Malvina pour miss Levrett et Malvina avait oublié Pylade pour l'ami Jacques.

Restait à tirer la terrible vengeance dont les deux imprudents étrangers devaient être l'objet.

— Nous devrions organiser une partie de campagne dans laquelle nous les pince-rions en même temps, en flagrant délit, proposa M. Van Duflan.

— L'idée me paraît excellente, répondit Céleste, d'autant que la campagne et le grand air sont infaillibles pour ces choses-là. Nous les laisserions s'isoler en les suivant sournoisement. Et crac !

— J'emporterais une cravache et un pistolet : « J'ai le droit de vous tuer, Monsieur, et vous êtes mort si vous ne consentez à vous laisser sangler le visage en présence de votre complice. »

— Je me munirais d'une verge et d'un flacon d'acide sulfurique : « J'ai là de quoi vous défigurer, Madame, mais je préfère vous fesser à tour de bras à la barbe de votre amant. »

— Ce sera grandiose et original.

— Ce sera original et grandiose.

Et la fête se prépara, superbe et coûteuse. Car M. Van Duflan et Mme Labadens voulaient à leur vengeance un magnifique décor. Ils firent des frais exorbitants de volailles savoureuses, de vins exquis, de fruits délicieux. Lucullus dans la banlieue ! Sardanapale en villégiature ! Il fallait faire perdre la raison à ceux que l'on voulait

punir... *Quos vult perdere Jupiter dementat.*
M. Baladens et miss Levrett se dirigèrent
du même côté et, en même temps, Jacques
Moulinot et Mme Van Duflan. La nuit était
presque venue, et l'ombre permettait
toutes les poursuites, toutes les trahisons.
La nature favorisait les méchants et les
jaloux.

. . . .

Une demi-heure après, M. Van Duflan
regagnait le rendez-vous général, ayant au
bras Malvina.

— Où diable a passé M. Moulinot? lui
demandait celle-ci de l'air le plus naturel
du monde? Il a disparu un instant avant
que vous me rencontriez.

En même temps, Mme Baladens se rendait au même-endroit, donnant le bras à
son mari :

— Vous ne savez pas ce qu'est devenue
miss Levrett? demandait Pylade à sa femme très simplement. Je la croyais auprès
de moi quand tout à coup je ne l'y ai plus
trouvée.

— Eh bien? dit tout bas Oreste à Céleste.

— Il était seul! Et vous?

— Elle était seule aussi.

— Où donc est-elle?

— Où donc est-il?

Et ces deux êtres innocents n'en savent pas davantage aujourd'hui. Ils ne savent rien, sinon que leur vengeance leur a échappé. Moi, je suis mieux instruit, ayant reçu, le lendemain, ce billet de Jacques:

« N'en dis rien à ma mère, mais je viens de faire une nouvelle folie. J'ai enlevé une institutrice anglaise qui est charmante et qui s'ennuyait dans les Pays-Bas autant que moi. Je te conterai ça. »

C'est tout conté, Monsieur Jacques.

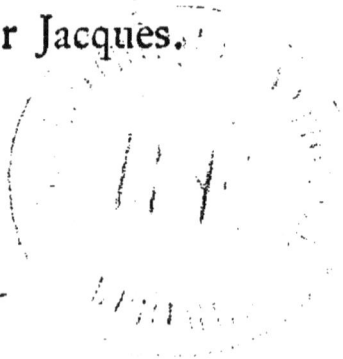

TABLE

ACHEVÉ D'IMPRIMER

SUR LES PRESSES DE

DARANTIERE, IMPRIMEUR A DIJON

le 30 mars 1882

POUR

ÉD. ROUVEYRE ET G. BLOND

LIBRAIRES-EDITEURS

A PARIS

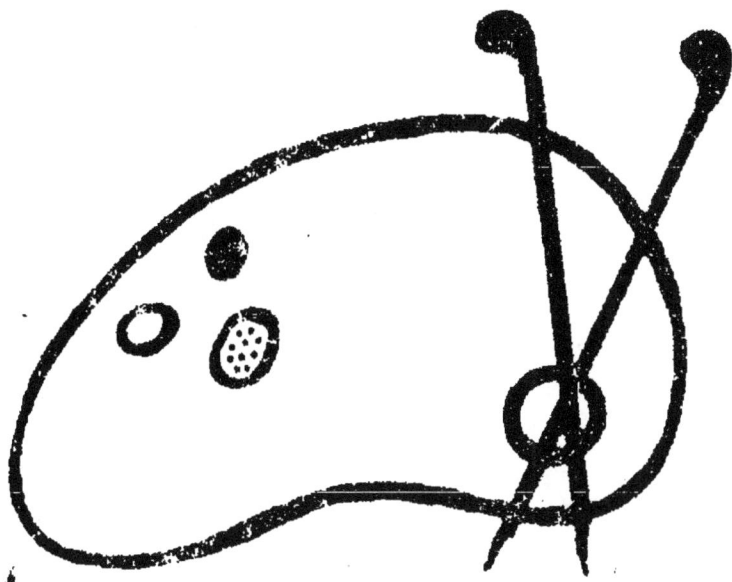

Original en couleur

NF Z 43-120-5

www.ingramcontent.com/pod-product-compliance
Lightning Source LLC
Chambersburg PA
CBHW060029100426
42740CB00010B/1664